激しい乱氷帯をソリを引いて進む

1｜キャンプにやってきたホッキョクギツネ。手前のロープは一応クマ除け　2｜2007年。火傷を負い、ピックアップされてレゾリュートの診療所での治療後　3｜レゾリュートのイヌイットの子供　4｜歩いたばかりの真新しいホッキョクグマの足跡

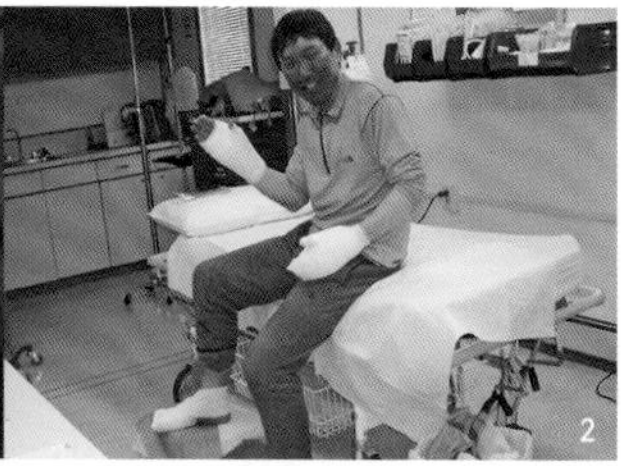

1

2

3

1｜2003年夏に訪れたジャパニーズモニュメント　2｜レゾリュート遠景。凍結した海が広がる　3｜ジャコウウシの群れの中の1頭を射殺し、僕たちは食べた　4｜角幡唯介と1600㎞を踏破。ベイカーレイクにて　5｜グリーンランドで食べたキビヤ。猛烈に臭い

5

4

冬が終わり白夜の季節が近づくと真夜中でも太陽の光が残る

2012年北極点挑戦時の装備品。持ち物はできる限り厳選して軽量化を図る

ヤマケイ文庫

北極男

増補版　冒険家はじめました

Ogita Yasunaga　荻田泰永

Yamakei Library

目次

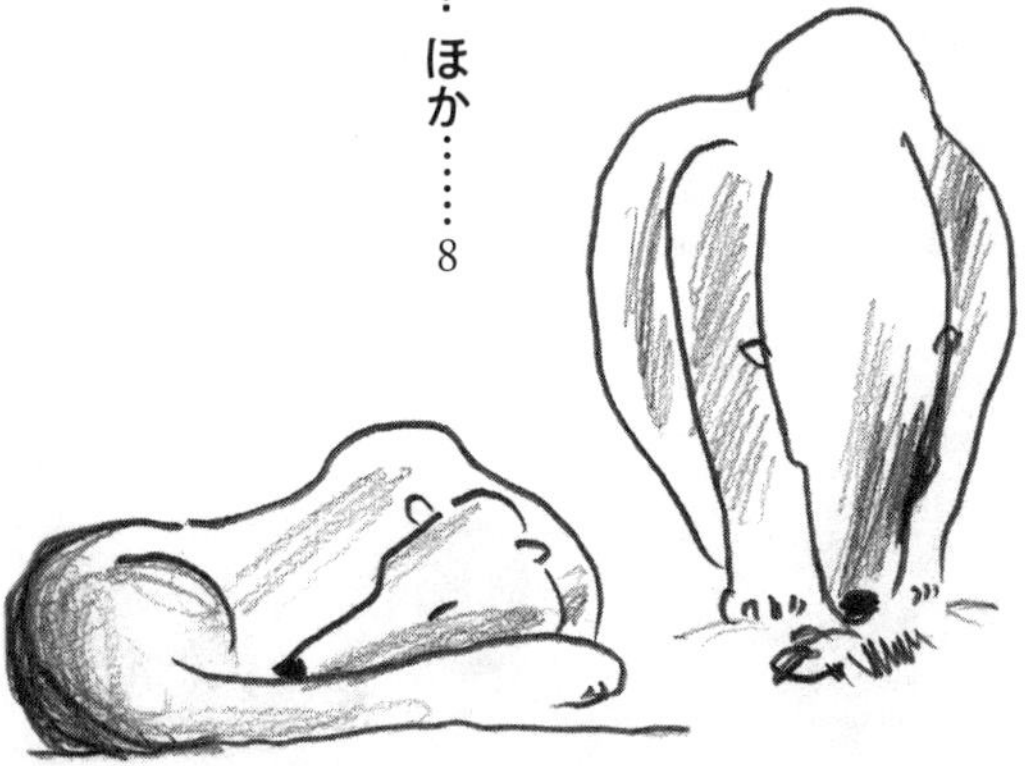

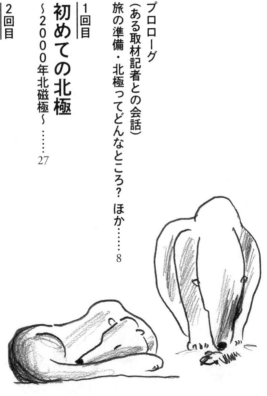

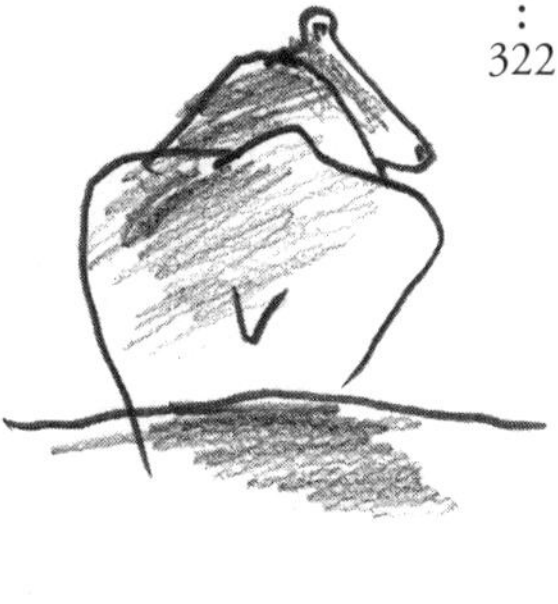

カバー・目次イラスト/あべ弘士
ブックデザイン/吉田直人
本文DTP/キャップス
校正(コラム・文庫解説)/與那嶺桂子
地図作成/北村優子(シグメディア)
編集/佐々木惣(山と溪谷社)

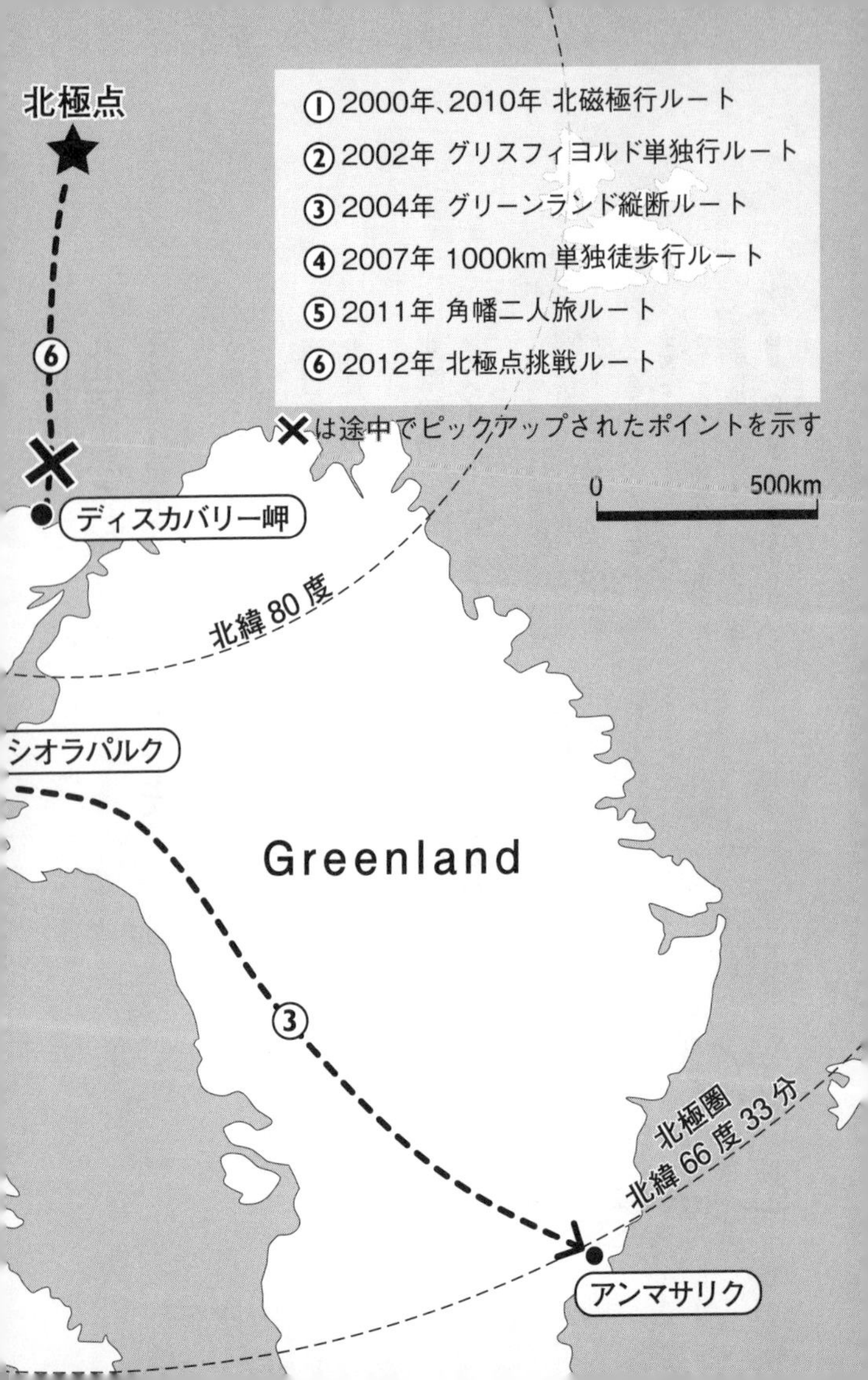
北極点
①2000年、2010年 北磁極行ルート
②2002年 グリスフィヨルド単独行ルート
③2004年 グリーンランド縦断ルート
④2007年 1000km 単独徒歩行ルート
⑤2011年 角幡二人旅ルート
⑥2012年 北極点挑戦ルート
×は途中でピックアップされたポイントを示す
0
500km
⑥
ディスカバリー岬
北緯80度
シオラパルク
Greenland
③
北極圏
北緯66度33分
アンマサリク

北極点
アイザクセン岬
①
グリスフィヨルド
②
④
レゾリュート
ケンブリッジベイ
ジョアヘブン
⑤
Canada
ベイカーレイク

プロローグ（ある取材記者との会話）

旅の準備

記者…この13年の間に荻田さんは12回も北極に行ってますよね？　しかも荻田さんは、北極以外の海外経験はないと……。なんで荻田さんはそんなに北極にばかりこだわるんですか？

荻田…それは、北極が僕を呼んでいるからです。

記者…え？　北極が……（汗）。それは登山家の人がよく口にする「そこに山があるからだ」というのと同じですか？

荻田…そうですね。ま、僕の場合は正確には「そこに何もないからだ」ということになりますけど。

記者…何もないのに、いったい何のために荻田さんは毎年のように北極に出かけるんですか？　寒いし、孤独だし、毎回お金貯めるのだって大変でしょう？

荻田…でも、それが僕にとっての冒険だからです。つらいからこそ楽しい面もあるんです。

なぜ北極へ？

記者…実物の荻田さんは、なんていうか、意外と普通ですね。

荻田…よく言われます。なんで日焼けしてないの？　とか（笑）。でも、一年中ずっと北極にいるわけじゃないし、日本にいれば普通の日本人ですから。

記者…海外は北極しか知らないと伺いましたが？

荻田…はい。２０００年からの13年間に12回北極圏に行ってますが、海外は他に行ったことはないですし、私が行った地球上最南端は今のところ高知県の桂浜ですね、坂本龍馬の像が立っている。初めての海外が北極で、それからは北極周辺しか行ったことがありません。

記者…最初の海外旅行がいきなり北極だったんですか？

荻田…はい。大学を中退後、２０００年の4月にグループでの北極冒険に参加したんですが、それがカナダ北極圏の海氷上７００㎞をソリを引いて1ヵ月以上歩くというものだったんです。冒険家の大場満郎さんが企画したものです。

記者…それ以前に荻田さんは探検部とか山岳部とかの経験は？

荻田…いいえ、それまではアウトドアもやったことなかったですし、テントで寝た経験もほとんどありませんでした。

記者…？　そんな若者が、なんでいきなり北極を700㎞も歩こうと思ったんでしょうか？

荻田…僕は1999年の3月に大学を中退したんですけど、単純に大学が面白くなかったというか、大学生活に明確な目標を持てなくて、日常が惰性で過ぎていくのがイヤでイヤで仕方なかったんです。我慢して3年は通ったんですが、もうこれ以上ここで時間と金を費やすのは絶対に無意味だと思って、それで中退しました。

記者…ご両親は何か言いませんでしたか？

荻田…とくに反対はしませんでした。もちろん賛成もしなかったですけど(笑)。心配そうでしたが、その時に自分の好きにさせてくれたことについては両親に感謝しています。で、大学中退後はずっとアルバイトしながら、オレには何ができるんだ？きっと何かできるはずだ、みたいなことをずっと考えていましたね。

記者…なるほど。

荻田…あるじゃないですか、若い頃って。実際には何もやったことはないし、何ができるのかわからないんですけど、〝オレにはきっと何かできるはずだ〟みたいな「根拠のない自信」が。

記者…まあ、わかりますけど。

荻田…その頃にいろんな本を読んだりして、もっと自分の知らない世界に触れてみたいと思ったんです。それまでの人生は本当に平和で、食うに困ることもなければ、特別危険な目に遭ったこともない。両親とも健在で、極めて「普通」の家庭でした。ただ僕は、困窮もない代わりに、なぜか満ち足りているという実感も持てなかった。本当はそれは幸せなことなんでしょうが、幸せを幸せと思えない不幸というか……。きっと何かもっと刺激が欲しかったんでしょうね、いつも何かを探して目をギラつかせているような日々でした。

記者…エネルギーを持て余していたんですね？

荻田…そんなある日、僕が偶然見たテレビに大場さんが映ってたんですね。何かのトーク番組だったと思うんですが、そこで大場さんが北極や南極の話をしていたんです。山形の農家の長男として生まれ、農業の将来が心配で海外の農家を見ようと思い、それで海外を放浪するうちに冒険家になっちゃった人です。僕は、大場さんがテレビの中でいきいきと大きな身振り手振りで話す姿に魅入られちゃったんですね。鬱屈したエネルギーを抱えていたあの頃の僕にとって、その時の大場さんの姿がすごく魅力的だったんです。

記者…荻田さんは、以前から北極とか極地探検とかに対する憧れはあったんですか？

荻田…まったくないです。北極がどんなところかも知らなかったし、北極にも南極と同じようにペンギンがいると思っていたぐらいです。

記者…そうなると、ますます疑問が……。

荻田…でも、何がスゴいって、大場さんがスゴかったんですね。普通なら、ド素人の若者を何人も連れて北極を歩こうなんて考えないじゃないですか。でも大場さんは「大丈夫だよ、行けるよ」って、結構簡単に言うんですね。で、僕たちは無知ですから、大場さんがそう言うなら「ふーん、行けるんだ」って素直に思っちゃった。やってみると、結構いろんなことができちゃうんですね、人間って。

記者…初めての北極はいかがでしたか？

荻田…飛行機すら初めてでしたから、日本を出るときからずっと興奮してました。まずカナダのバンクーバーに飛んで、そこから何度か飛行機を乗り継いで、北緯75度くらいのところにあるレゾリュートっていう人口200人あまりの村に辿《たど》り着きました。着いた日がマイナス20℃くらいだったんですが、鼻毛が凍ってゴワゴワするし、海が一面全部凍って真っ白だったのが衝撃的でした。

記者…日本ではあり得ない光景ですもんね。

荻田…そこに1週間ほど滞在して準備し、それからスタートしたんですけど、みんな食糧や寝袋、キャンプ道具一式を積んだソリを自分で引いて歩くわけです。重さは50kgくらいですが、やっぱり冒険の前には「最後まで歩き切れるだろうか」とか、「他のメンバーの足を引っ張らないだろうか」っていう不安がありましたね。でも実際歩いてみると、若くて体力もあったせいか、大場さんのアドバイスや手助けのおかげもあって、700kmをスケジュールどおり35日間で歩くことができたんです。

記者…荻田さんは、翌年の2001年にもまた北極へ行かれますよね？

荻田…はい。帰国後しばらくして、まだ人生の目標も定まっていなかったので、よし、今度は一人で北極へ行ってみようと考えたんです。

記者…北極は経験したから、じゃあ次は他の場所へ行こう、とは考えなかったんでしょうか？

荻田…それは……僕一人で行けそうなところが、北極しか思いつかなかったんです。もし当時の僕に海外旅行に一人で行ける行動力があったら、きっと大場さんに出会う前に一人で動き出していたでしょうね。

記者…なるほど。大場さんに連れて行ってもらった最初の冒険と、2回目の一人での北極では何か感じ方が変わりましたか？

荻田…そうですね。最初の時はとにかくきっかけを作ってもらった感じで、自分の力でやっているという感覚はあまりなかったですよね。大場さんがいて、仲間がいて。でも2001年に一人旅を始めた時は、どこか自分の知らない世界に飛び込んで行く感覚がありました。この時が僕にとって本当の冒険のスタートだったのかもしれません。

北極ってどんなところ?

記者…そもそも北極って、南極と違ってこれまであまり話題にならなかった印象ですが?

荻田…そうですね。南極だと南極物語とか南極観測隊とか、いろいろニュースになることもありますけど、北極はこれまでそんなに注目されていなかったと思います。

記者…それでも最近は北極海航路だとか、異常気象や資源開発のことなども言われるようになってきました。北極と南極はどちらも寒い氷の世界という共通点もありますが、違いは何でしょう?

荻田…地理的には、南極はその中心に巨大な「南極大陸」があって、その周囲を南極海がグルッと取り囲んでいる形です。それに対し北極には大陸がなく、「北極海」の周囲をユーラシア大陸や北米大陸が取り囲んでいます。南極とは逆ですね。

記者…他には？

荻田…南極大陸が、どの国も領土・領海権を主張できない南極条約で守られた「どこの国でもない大陸」であるのに対し、北極圏の多くのエリアはいずれかの国の領土・領海に属しています。ロシア、アメリカ、カナダ、デンマーク（グリーンランド）、アイスランド、ノルウェー、フィンランド、スウェーデンの8ヵ国が北極圏に存在していて、北極海の中央部、北極点付近だけがどこの国にも属していない公海です。

記者…最近言われている「地球温暖化の影響」はどうでしょうか。

荻田…現在北極では、海氷面積が驚くほどの速度で減少しています。2012年の夏に海氷面積が過去最小を記録しましたが、それは2000年以前の夏の平均海氷面積の約半分、それまで最小だった2007年と比べても18％減だそうです。

記者…そんなに氷が溶けているんですか！

荻田…表現が難しいところですが、分厚かった海氷が地球温暖化で溶けて薄くなった、というだけではないんですね。北極海の海氷というのは、例えば北極点付近だったら水深4000mくらいの深い海の表面に厚さ3m程度の氷が薄い膜のように張っているだけで、その海氷は常に海流によって流されています。

記者…水深に比べてずいぶん薄いんですね。

荻田…北極海上に浮いている海氷は、広い北極海を回遊しながら、やがてグリーンランド東側から大西洋に向かって常にベルトコンベアーみたいに流れているんですが、今はその流れが以前よりも速くなっているようなんです。

記者…流れが速くなるとどうなるんですか？

荻田…本来であれば、北極海内に長い時間留まることで分厚く成長していた氷が、どんどん外に流出してしまうことで、海氷全体が若くて成長段階の氷ばかりになってしまいます。そういう氷は薄くて割れやすく、流動的なんですね。つまり、もともと分厚かった氷が温暖化で溶けて薄くなったというよりは、分厚くなる前に北極海の外へ流出してしまったり、成長過程でバラバラに分断されてしまったりと「厚くなれない」氷なんです。「薄くなった」と「厚くなれない」はちょっと違います。２０１２年に海氷面積が過去最小を記録した一番の要因は、強い低気圧が夏の間ずっと北極海上に停滞し、強風の影響で氷が細かく分断されることで融解が早まったんです。海氷は風で流されるので、気圧配置の変化とそれに伴う風の影響で流速が上がったのが大きかったようです。でも、その気圧配置の変化の要因のひとつには、おそらく温暖化があるのでしょう。

複数存在する北の頂点

記者…話は変わりますが、北極点でコンパスを持ったら、針はどこを指すんでしょうか？

荻田…あー、これはちょっと説明が必要ですが、答えを先に言うと、一応は決まった方向、今だったらたぶんアラスカ方向を指します。

記者…コンパスの針は、北極点を指し示すわけではないんですか？

荻田…地球は内部で磁気を発生させていますが、地球全体をひとつの大きな棒磁石と見た場合、地磁気が集中して地表面と直角に交差するところを「磁極」と言い、磁石の両極に当たる場所にはそれぞれ北極に北磁極、南極に南磁極があります。その北磁極と地理上の北の頂点である北極点はじつは1000kmくらい離れているんです。コンパスの針は磁気に従って北磁極を指すのですが、それも厳密に言うと、じつはその北磁極でもなく、地磁気の流れなんかの影響でさらにまたちょっとズレた方向を指すんです。詳しくは専門の科学者に訊いてください（笑）。あと、磁極は年々位置が変化します。

記者…え、どういうことですか？

荻田…そもそも地磁気って、地球内部にある溶けた鉄とかニッケルなどの磁鉄鉱がコイルのような役割をして、それが地球の自転とかマグマの熱対流などの影響で磁力を発生させるらしいんですね。ドロドロのものが対流して磁気を発生しているので、イメージとしてはフラフラしている棒磁石なんです。

記者…つまり、棒磁石がフラつけば、それにつれて磁極の位置も変化するってことですね。

荻田…そうです。最近は磁極の動きが速くて、年間で数十キロほど位置が変わります。

記者…そんなに動くんですか！

荻田…歴史上、初めて北磁極の位置が確認されたのが1831年、イギリスの探検家ジェームズ・クラーク・ロスによってでした。その時の北磁極の位置は、今よりも1500㎞くらい南、カナダ北極圏の北緯70度くらいのところにあったんです。それが、この180年の間に北へ北へと動いて、今はカナダ側北極海からロシア側へ行こうとしています。面白いのは、北磁極が北極圏をそうやってあちこち移動しているうちに、ある日北極圏から抜け出して今度は南下を始めるんです。同じように南極の南磁極が北上を始め、やがて北磁極が北半球から赤道を通過して南半球へと進み、南磁極が北半球へと進み、そのうち北と南の磁極が完全に入れ替わってしまうらしいんです。

記者…え？　そんなことがあるんですか

荻田…ポールシフトと言って、地球の長い歴史の中では何回も起きている現象で、だいたい100万年に1回の割合で起きるみたいです。しかし何千万年も起きなかった時期もあるらしく、いつ、どんなきっかけで発生するかはわかっていないようです。

記者…そうなったら、地球に何か起きそうですね。

荻田…移動中は、きっと赤道直下でオーロラが見られますよ（笑）。

記者…そう言えば、北極はオーロラがきれいなんでしょう？

荻田…よく訊かれるんですが、私が行くところは緯度が高過ぎて、逆にオーロラが見えないんです。オーロラが見られるのは北極圏でも南の方、例えばカナダであればイエローナイフという町があるような北緯60度から70度くらいのあたりで、あまり北に行き過ぎてもダメなんですね。

記者…北極圏の定義って、たしか白夜と関係ありましたよね？

荻田…そうです。北緯66度33分より北、白夜が起きるエリアが北極圏です。北緯66度33分だと一年のうちに白夜は1日、そこから少しずつ北にいくにつれて2日、3日と多くなっていくわけです。てっぺんの北緯90度の北極点まで行くと、白夜は約6ヵ月間で、一年の半分昼が続きます。北極点では、一年に日の出と日の入りが一度ずつしかなく、一度太陽が水平線上に出ると、その後半年間はずっと白夜。で、半年後に白夜が終わって水平線の下に太陽が沈むと、今度は半年間真っ暗な極夜になります。

記者…長い一日ですね（笑）

荻田…その日の出と日の入りが、それぞれ春分の日と秋分の日です。春分の日に水平線上に出た太陽は、水平線とほぼ平行に横移動しながら、グルグル螺旋《らせん》状に回ってだんだんと高度を上げていきます。で、夏至の日に最も高くなり、夏至以降は少しずつ低くなるんですね。そして秋分の日に日の入りになる。

記者…なるほど。北極って、普段我々が生活している環境とはまったく違う現象が見られる場所なんですね。

ホッキョクグマ

記者…冒険って聞くと、男の子にとっては憧れである一方、当然そこには危険がつきものですよね。北極を歩く上での一番の危険って何ですか？

荻田…そうですね、いろいろありますが、一番気を使うのはやはりホッキョクグマですね。

記者…いわゆるシロクマですね。

荻田…北極で見ると、じつはたいして白くないんですけどね。

記者…そうなんですか？

荻田…ええ。真っ白な雪の中だとちょっとクリーム色がかって見えるので、いればわりとすぐに発見できますよ。ホッキョクグマは冷たい海の中を何十キロも平気で泳ぎますが、ホッキョクグマの体毛は中空構造になっていて、空洞内部の空気のおかげで体が少し浮きます。また、その中空部分に光が乱反射して全体的に白っぽく見えるわけなんです。

記者…ホッキョクグマには歩いていてよく出会うものですか？　最近だと、地球温暖化の影響でずいぶん数が減っているという話も聞きますが。

荻田…場所にもよりますが、僕はわりとたくさんいると思いますよ。ホッキョクグマにはこれまで20回以上至近距離で遭遇しています。寝ている時にテントを揺らされたことも2回ありますけど、その瞬間はクマとは50㎝しか離れていなかったんです。

記者…襲われたんですか！

荻田…まあ、結果的には大丈夫でした。ホッキョクグマって獰猛《どうもう》なイメージがありますが、必ずしもそんなことはなく、彼らは好奇心が非常に旺盛で、ソリを引いて歩いている人間や黄色いテントなどを見かけると、「ありゃなんだ？」という感じで近づいてきます。日本の山ではよく、クマ除《よ》けのために鈴を鳴らしながら歩けって言いますが、それは人間との接触が多いクマにとっては「鈴の音→人間→闘いになる」という連想が働くからでしょう。クマのほうも人間との無駄な闘いを避けるために逃げるだろうと想定しているわけです。でも北極にいるホッキョクグマの場合は、人間なんて知らないヤツがほとんどだし、北極圏では食物連鎖の頂点にいる動物なので、我々を発見しても怖がらずに、だいたい平気な顔で向こうから接近してきます。

記者…どんな対処をするんですか?

荻田…一番は音ですね。大声を出したり、フレアーガンっていうロケット花火の強力版みたいなヤツで追っ払ったり。よく映画なんかで見るような、船の救難信号を空に向かって撃つ場面に出てくる、あんなのです。ベアバンガーっていうクマ威嚇用のものので、撃つとスゴイ音と閃光《せんこう》でクマを驚かすんです。あとはライフルを携行します。といっても、撃ち殺すためではないです。本当に危険な場合は撃つかもしれませんが、僕はまだ一度もクマを撃ったことはないですね。威嚇だけならライフルよりもフレアーガンのほうが迫力あるんです。ライフルの利点は、狙ったところに銃弾を発射できるところです。クマによっては音だけでは全然怖がらないヤツもいて、こっちがどれだけ派手な音を上げても、まったく知らん顔をしてるヤツもいます。そんな時は、ライフルでクマの足元を狙って撃ちます。するとクマの目前で雪煙がパンッ！　と上がるので、クマは警戒して足を止めます。そして、進路を変えようと足を踏み出したところを狙ってまた撃ちます。それを何度も繰り返していると、クマは「これは近づいてはいけないのかな？」と感じて、ゆっくりと遠ざかって行ってくれるんですね。

記者…なるほど。でも、中には凶暴なヤツもいるんじゃないですか？　躊躇《ちゅうちょ》せずに襲いかかってくるヤツとか？

荻田…いるかもしれませんが、僕はまだそんなのには出会ってません。クマの中にはたしかにイライラしているヤツもいたし、子連れの母グマもいたし、こっちに対して異常に執着を示すヤツもいました。でも野生動物はやはり正直ですから、僕らがクマを怖いと思うように、クマにしてみても人間が怖いんですね。よく観察するように行動すると、やがてクマの気持ちが想像できるようになります。とはいうものの、僕も初めてクマと会った時は、手はガタガタ足はブルブルで、必死にライフル撃ってましたけど（笑）。

記者…動物園の柵《さく》の中のクマならかわいいんですけどね。それにしても、ホッキョクグマも温暖化の影響で数が減っていると言われていますが？

荻田…どうなんでしょう。もともとホッキョクグマはあちこち移動しながら生活している動物なので、正確な数を把握するのは難しいと思います。北極圏全体に広く生息していますから、調査の仕方や場所、調査の時期によって結論はバラバラになるでしょう。実際に北極を一人で歩いていると、結構たくさん出会いますよ。カナダ北極圏には多くのイヌイットの人たちが暮らしていますが、彼らの中には「最近はクマが多い」と言う人はいても、「クマが減って困った」という話は聞いたことないです。まあ、これは主観によるのでしょうが。

記者…でも、これ以上北極の氷がなくなったら、やはりホッキョクグマも困るわけでしょう？

荻田…それはそうでしょうね。ホッキョクグマは海氷上でのアザラシ狩りが主な食糧調達方法ですから、氷がなくなればアザラシを捕れなくなります。北極の海氷はたしかに以前よりも減っていて、もしこれ以上海氷が減少すると、やはりホッキョクグマも激減するでしょう。

記者…ホッキョクグマのために、我々は何をしたらいいんでしょうか？

荻田…というより、ホッキョクグマのために僕たちができることなんてあるんでしょうか？　べつにイヌイットが乱獲しているわけでもないですし……。北極の海氷が減ってホッキョクグマの個体数が減少しても、パンダみたいに動物園で個体を飼育して希少生物として維持することはできるでしょうが、人間の力でホッキョクグマの生息数を増やすなんてことは無理でしょう。すでに北極海の海氷は減少の一途をたどり始めていて、今後しばらくはこの傾向が続くと思います。何かの自然環境的要因でそれが食い止められれば別ですが、いずれにしろ人間の力でできることには限界があるでしょう。

記者…なんだか希望のない話ですね。

荻田…希望うんぬんというより、今起きていることが現実なんですね。おそらくこれから先もホッキョクグマは減っていくでしょう。それが人間の活動によるものなのか、地球規模の自然環境の変化による現象なのか、どちらであっても僕たち人間は、地球に生きる一生物としての「分《ぶん》」みたいなものをわきまえる必要があるとは思います。僕たちは、地下からジャンジャン資源を掘り出して、それを空になるまで燃やし尽くすのがはたして正しい行為かどうかを考える必要があって、ホッキョクグマがかわいそうという感情論に終始すると、かえって考えた気になっただけで終わってしまうような気がします。

1回目

初めての北極

～2000年北磁極～

2000年北磁極到達時の集合写真。右から2番目が荻田

冒険してもいい頃？

人の一生の中で「あの日が、自分の人生を変えた運命の日だった」と振り返る一日があるとしたら、１９９９年7月21日は僕にとってその「運命の日」であったと断言できる。

その日、僕がたまたま見ていたテレビのトーク番組に、北極や南極を歩いて冒険をしているという「極地冒険家」がゲスト出演していた。僕は、日本にも冒険家と呼ばれる人がいるのかという思いと、そこで話される未知の世界の話に少し興味をそそられながらその番組を見ていた。テレビの中のその冒険家はエネルギーに満ち、マイナス40℃という過酷な環境の中を重さ１００kg以上もあるソリを引いて、時にホッキョクグマと至近距離で遭遇しながら、たった一人で極地を旅していると話していた。北極で負った凍傷により、足の指すべてと手の指2本の第1関節から先を切断し、死を覚悟して遺書を書いたこともあるという。決して大げさに演じているわけではないが、身振り手振りを交えて真剣に話すその姿は説得力にあふれ、そこで語られる冒険譚《たん》に21歳の僕の心は囚《とら》われた。最初はゴロ寝で見ていた姿勢があぐらに変わり、最後には正座をして身を乗り出すようにして番組を見ていた。

「こんな人がいるんだ、スゴイな」

頭に白いものが混じり始めたその冒険家がいきいきと話す姿が、なぜか僕にはまぶしく見えた。

「来年は、大学生くらいの若い人たちを連れて北磁極まで歩こうと思ってるんですよ」

番組の終わり頃、今後の目標を尋ねられた冒険家が言った。司会者が返す。

「北極なんて歩けるんですかぁ？　今どきの大学生にぃ？　みんな甘っちょろいですよ〜」

「いや、でもね、凍傷になる危険もありますが、行けば人間に本来備わっている感覚がモロに出てきて適応しますから、大丈夫ですよ！」

僕は、すかさずその冒険家の名前を手元にあった紙に書き留めた。今までの僕は、人生の中で北極なんて一度も意識したことはなかったが、その番組を見た後、僕は無性に北極に行ってみたくなった。しかし、どうやったら行けるのだろう？　僕には、冒険どころか、まともな登山経験もアウトドア経験もない。そんな素人が北極へ行けるのか？　疑問はたくさん湧いてきたが、それでも何か言い知れない興奮が体に残り、消えることはなかった。

その半年前、僕は3年間通った大学を中退していた。特別な目的意識も持てずに惰性で通っていた大学生活は、はっきり言って退屈そのものだった。その頃の僕は、自分には何かスゴいことができるはずという根拠のない自信を持て余しながら、そのくせ何もしたことがないただの若者だった。今の人生を変えるためには「何か」が必要な気がしていたが、それが何かがわからず、とにかく何かしなくてはいけないという焦燥感と強迫感を抱えながら日々を送っていた。そんな時に偶然僕は、テレビを通して〝北極〟と出会った。

僕は、1977（昭和52）年、神奈川県の西部にある愛川町というところで生まれた。男3人兄弟の末っ子として、どちらかというと甘やかされて育ったと思う。父は会社員で、母は近くの工場の食堂で働いていた。生まれ育ったのが丹沢山系の端の自然の豊かなところだったこともあり、子供の頃から遊びと言えば、友達と山に化石を掘りに行ったり、大きなバケツいっぱいに沢ガニをとったり、川で鮎やハヤ（ウグイ）を追いかけたりすることだった。また、星が好きだった兄の影響で、小学生の頃から天体望遠鏡で月や惑星を観察するのが大好きで、当時話題になったハレー彗星も望遠鏡で見た記憶がある。小学校1年生の時には星の本を一冊丸ごとノートに書き写し、星座や星の名前、星の明るさや地球からの距離などを書き込んだデータベースを自分で作っていた。そして「知ってるか？　サソリ座のアンタレスは、火星の敵っていう意味なんだぞ」なんて家族や友だちに自慢げに話したりして、星を語らせるとちょっと生意気な子供だった。その頃から、自分の好きなことには異常に執着する性質だったようで、中学の通知表には「好きな教科は一生懸命やるが、それ以外は手を抜きすぎる」と書かれた。中学と高校では6年間陸上部に所属し、毎日激しい練習をしたが、専門の走り幅跳びは6・57ｍという平凡な記録で終わった。

僕が自分の将来について真剣に考え始めたのは、大学生になってからだ。大学に通っていた3年間、そこにはいつもぼんやりとした不安があり、なぜか生きているという確かな実感を持つことができなかった。もしかしたら、両親の元で何不自由なく育てられた末っ子の僕は、自分が幸せな環境にいることを知っていながらも、自分の力で何かをつかみ取るという体験に餓えていたのかもしれない。ひと昔前と違って学生運動も校内暴力もない平和な時代に育ち、「将来の選択は自由だ」と漠然とした〝前途〟を与えられた僕たちは、「個性を育《はぐく》んで心豊かに生きる」という〝善なる〟スローガンに翻弄され、「自由」なはずなのに現実には何をすればいいのかがわからなかった。何でもできるはずなのに、しかし現実には何もできていない自分を無能だと感じて、自己嫌悪に陥りやすい世代なのではないかと思う。僕はそれが恵まれた人間のぜいたくな悩みだと理屈ではわかっていながら、そこから脱け出せない自分自身にいらだっていたのだ。気づけば自分も大学生で、子供という年齢ではなくなっていて、もはや自分には逃げ場などどこにもないという現実を突きつけられていた。その頃の僕は、毎朝洗面台の鏡に映る自分に向かって「お前、目が死んでるぞ。このままでいいのかよ?」と語りかけるようになっていた。

そして、大学3年の時、僕は学校を辞めた。とにかく停滞したままの自分の人生を少しでも前進させたい、なんでもいいから動き出したい、と思ったからだ。それまでの何かに流されて生きる日々から、自分の手で確かに人生を前進させているという実感を取り戻したいと思った。それを両親に正直に話したら、二人とも「辞めて何するんだ?」とも訊かず、肯定もしないかわりに否定もしなかった。僕にはそれがありがたかった。とにかく狭い自分の世界から外に出ようと必死にもがいていたある日、「若者を連れて北極を歩く」という一人の冒険家の言葉が、ずっと「何か」を探し続けていた僕のアンテナに引っかかったのだ。

大場満郎さんとの対面

僕の心を捕らえたその「極地冒険家」こそ、大場《おおば》満郎《みつろう》さんである。大場さんは山形県の農家の長男として生まれ、その後、家を飛び出して30歳を過ぎてからアマゾン川を筏《いかだ》で下ったり、グリーンランド西岸を徒歩で縦断するなどの冒険を行ってきた人だ。世界初の北極海単独徒歩横断に3年連続挑戦したものの失敗し、2度目の失敗の時には凍傷で足の指10本と手の指2本を失った。それでもあきらめなかった大場さんは、97年に4年連続4度目の北極海単独徒歩横断に挑戦し、ついに成功。そして99年には、南極大陸の単独徒歩横断にも成功し、一躍世界に名前が知られるようになった冒険家だった。大場満郎さんをテレビで見た少し後、今度は新聞で大場さんの講演会の紹介記事を見つけた。僕はそれにすぐに応募した。出かけてみると、大場さんはその講演会でもテレビと同じことを話していた。

「来年、若者たちと一緒に北磁極までの700kmをソリを引いて歩く計画です」

北極行きの計画が現実に進められていることに安心した僕は、翌日、自分も北極への冒険に参加したいので大場さんの連絡先を教えてくれ、と講演会を主催した新聞社に手紙を出した。するとその数日後、僕の手元に、なんと大場さん本人から毛筆でダイナミックにしたためられた返信が届いた。そこには「北極行きのメンバーはすでに何人か集まっていて、月に一度ミーティングを行っています。荻田さんも今度そこに参加してみてはどうですか」と書かれていた。その瞬間から、僕の人生において、何かが具体的に始まったような感じがした。

数週間後、東京近郊のマンションの一室で開かれたミーティングに参加した僕は、そこで初めて大場さんと対面した。

「初めまして。手紙を出した荻田です」

緊張しながら挨拶すると、大場さんは黒いバックパックから手帳を取り出し、僕の名前を確認した。

「あ、荻田くんですね、初めまして、大場です。新聞社に手紙をくれたんですよね」

間近で見る大場さんは、テレビや講演会での印象と違って意外なほど背が低かったが、背中から腰にかけての筋肉はガッチリと発達していて、温和な人当たりと、笑うとできる目尻の深いシワが印象的な人だった。

やがてそのマンションには、僕と同じように一緒に北極へ行こうという若者たちが何人か集まってきた。そこで大場さんが話した計画は、来年4～5月の2ヵ月間、カナダ北極圏の北緯75度付近にあるレゾリュートという村を出発し、キャンプ道具や食糧などを積んだソリを自分で引きながら、凍った海の上を700km歩き、40日ほどかけて北磁極を目指すというものだった。飛行機代や宿泊費などで費用は一人あたり約

80万円。気温はマイナス30℃前後で、凍傷やホッキョクグマに襲われるリスクもあるという。「弁護士に依頼して書面を作成するから、仮に事故があっても自分の責任だということに同意してもらうよ」と大場さんは、これが決してお気楽な観光ツアーなどではなく、あくまでもガチンコの冒険であることを強調した。参加にあたってはとくに面接や適性審査があるわけでもなく、行きたいと名乗り出た人は誰でも連れていくつもりのようだ。そのミーティングには、僕と同い年の女子大生Aさんも参加していて、彼女は自分の通う大学で大場さんが講演を行った際にこの計画を知り、講演後「私も行きたいです」と大場さんに直談判して参加することになったらしい。Aさんはアウトドア派というわけではまったくなく、どちらかというとおとなしめの、冒険とは対極にいるような女の子だった。この場に参加している若者たちは、みんな揃いも揃ってアウトドア経験などろくにない素人ばかりで、僕だけが特別というわけでもなさそうだった。大場さんはそんな僕たちに対して細かく丁寧に北極の説明をしてくれたが、正直、僕もその時点では計画の内容に今ひとつ実感が湧かなかった。「なんか大変なことが始まりそうだ」ぐらいの認識のままミーティングから帰宅すると、僕は初めて両親に北極行きの計画を話した。

「大場さんっていう冒険家が若者を連れて北極を歩くっていうから、来年行くことにしたよ」

突然の息子の申告に、両親とも「こいつは何を言っているんだ?」と不思議な顔をしていた。

初めての飛行機、初めての海外、初めての冒険

年が明けた2000年1月、大場さんの故郷である山形県最上町で雪中合宿訓練が行われた。最終的に北極行きを決めて集まった9名の参加者は、みんなアウトドアの素人ばかりで、合宿訓練でテントの立て方、ガソリンコンロの使い方、スキーでの歩き方、といった基礎から覚える必要があった。僕もそれまでは、スキーはゲレンデを滑った経験しかなく、かかとの固定されていないクロスカントリースキーで長い距離を歩いたこともなかったし、雪の中でキャンプをしたのもこれが初めてだった。

それから数度にわたる実地訓練を経た後の4月7日、大場さんに率いられた僕たちは、カナダ北極圏へ向けて成田空港を飛び立った。僕は22歳にして初めての海外旅行、しかも飛行機すら初体験だった。途中のエドモントンで、大場さんの古くからの友人で今回サポートガイドを務めてくれるピーターと合流し、そこからまた何度か飛行機を乗り継いで、カナダ北極圏ヌナブト準州に位置するレゾリュート村に到着。その日

の気温はマイナス20℃で、ピーターは「今日は寒くない」と言ったが、空港の建物の外に出ると鼻毛が凍ってむずがゆかった。

ヌナブト準州は、１９９９年にカナダ北部の北西準州から分割され、先住民のイヌイットが自治を行うカナダ13番目の州として誕生したばかりだった。面積は日本の５倍超、そのほぼ全域が北極圏に属するツンドラ地帯で、州人口約３万人のほとんどがイヌイットである。州名のヌナブトは、イヌイットの言葉で「我々の大地」を意味する。中でも北緯74度40分に位置するレゾリュート村は、人口わずか２００人あまり、カナダ人ですらほとんど訪れることのない辺境の地にあるが、１９７８年に世界で初めて単独北極点到達を果たした植村直己さんはじめ、古くからたくさんの北極冒険を志す冒険家たちを集めてきた。北極点あるいは北磁極を目指す世界中の冒険家・探検家たちにとっては、まさに「聖地」とも呼べる場所なのであった。

今回僕たちがレゾリュートから歩いて目指す北磁極とは、地球の地磁気が集約する北の極点のことで、南極から北極に走る磁力線が集中して地表面と交差する場所のことである。地磁気は地球内部の磁鉄鉱の熱対流などによって発生するが、その対流の影響で北磁極も不安定に揺れ動くため、北磁極は「点」ではなく直径１００㎞ほどの「圏」と考えられている。僕たちが訪れた時点で、北磁極はレゾリュートから北北西に約700kmの地点、地理上の真北である北極点とは1000km以上離れた位置にあった。

レゾリュートに到着した僕たちは、1週間後のスタートに向けて早速トレーニングと準備を開始した。まずは体を低温に慣らすため、毎日数時間、村の裏にある丘に登ったり、潮汐で氷が隆起した海岸線を歩いたりして、なるべく屋外にいる時間を多く作った。村を歩いていると、現地の人が笑顔で挨拶をしてくれる。イヌイットは日本人と同じモンゴロイドを祖先に持つので、日本人に近い顔立ちの人も多い。イヌイットと聞くとみんな毛皮でも着ているのかと思いきや、日本でも普通に売っているアウトドアメーカーのジャケットを着ている人も多かった。

村に面したレゾリュート湾は一面凍結していて、そこには犬ゾリ用の犬たちが係留されているのを見かけたが、住民の移動手段はもっぱらスノーモービルで、犬ゾリでの移動はあまり見られない。カナダ極北部のイヌイットでも、ハンター専業で生活している人はごく少数だという。狩猟の対象となるのはもっぱらアザラシやホッキョクグマがおもだというが、ただしホッキョクグマの狩猟の際には、スノーモービルを使用せず、今でも伝統的な犬ゾリでの狩猟方法に限るというルールがあるらしい。村では、凍ったアザラシが軒先に丸々一頭転がっていたり、解体されたホッキョクグマの毛皮が洗濯物のように屋外に干されたりしている光景もよく見た。

僕たちが泊まった宿は、出入り口のドアが築地のマグロ冷凍庫のような分厚い二重扉になっていた。室内は24時間暖房が効いて快適そのもので、おもな客は、冒険家やヌナブト政府関係者、村からさらに北にある鉱山で働く労働者などだという。

初めての氷上キャンプ訓練の日。僕たちはテントや食糧を積み込んだソリを交替で引きながら、本番同様の装備で村から沖へ3㎞ほど歩いた。気温はマイナス30℃。海氷上は風を遮《さえぎ》るものが何もないため、足元の粉雪を吹き飛ばすように強風が吹き続ける。今夜は二人一組でテントを設営し、屋外で一泊する実地訓練を行う。FRP（繊維強化プラスティック）とケブラー繊維で作られた特注の船型ソリのカバーを開いて、中からテントを取り出すと、支柱となる金属製のポールを差し込んでいく。テントは、既製品の山岳用テントに大場さんがメーカーに依頼して改良を加えたもので、例えばフライシートの裾を長くしてスカートを縫い付け、風を巻き込んでテントが飛ばないよう周囲を雪で埋められるような工夫が施してあった。

「風が強い時にテント立てるのは、コツがいるんだよ」

大場さんは、素人の僕たちに実地体験させながら、極地でのキャンプ方法を指導した。風のない場所で素手でなら5分でできることも、極寒の強風下で分厚い手袋を着けたままだと何倍もの時間がかかる。四苦八苦しながらどうにかテントを設営して中に潜り込み、銀マットを敷いてその上にウレタンのマットを広げる。寝袋は、寝汗で多少濡れても保温力が落ちないよう、凍りやすい羽毛より化繊のものが適しているとのことだった。寝袋に入っても、強風で雪がテントに当たる音が気になってなかなか寝付けない。翌朝、レゾリュートへ引き返したが、緊張と寝不足のためか体中がグッタリとしている。「大丈夫かな」と心配になったが、ここまで来たらあとはもう覚悟を決めて行くしかない。

訓練開始から1週間、準備を終えた僕たちは、ついに北磁極までの700㎞を歩く冒険のスタートの日を迎えた。途中の物資補給までの2週間分の食糧やキャンプ道具をパッキングすると、ソリの重さは一人あたり約50kgになった。それを宿のピックアップトラックと大型のバンに積み込み、村から西へ車で10分ほど走った海岸線に到着すると、手分けしてソリを降ろし、装備品を身につけて記念撮影をした。体にソリを引くためのハーネスを装着し、腰の左右につけたカラビナに、ソリから伸びたザイルを連結させる。いよいよ僕たち11人の、1ヵ月以上の北極歩き旅の始まりだ。海岸線から海氷に降りて歩き始めると、ソリは意外と滑りがよく、それほど重さを感じさせない。海氷上は雪が固く締まっており、手に持ったストックを歩調に合わせて突き刺すと、キィーンと金属音のような甲高い音がした。ブーツがまったく雪に沈まないため、まるでアスファルトの上を歩いているようだ。隊列の先頭に大場さん、そのすぐ後ろに僕、そして他のメンバーたちが並んで進み、列の最後尾はガイドのピーターが務めた。

「シロクマ来るかもしれないから、オレが風下にテント張るからね」

初日、17時まで歩いて最初のキャンプを設営する時、大場さんはそう言って自分の小型テントを僕たちの風下側に設置した。レゾリュート周辺はホッキョクグマの生息数が多い地域で、村人が自宅の扉を開けたら目の前にホッキョクグマがいた、なんていうことも珍しくはないらしい。村の周囲にホッキョクグマが多いというより、クマにしてみれば、もともと自分たちが棲んでいたところに人間が勝手に入ってきたということだろう。一歩海氷上に出れば、いつどこからホッキョクグマがやってきてもおかしくはない。嗅覚の鋭いホッキョクグマは、匂いを伝って風下側から近寄って来ることが多いらしく、大場さんはこれまで何度もホッキョクグマと遭遇していて、就寝中にテントを襲われたこともあるという。クマ対策としては、ピーターがショットガン、大場さんがクマ用のトウガラシスプレーを持っている。スプレーは接近戦用で、僕はそんなものがあの巨大なクマに効くのかと思ったが、でも大場さんは、実際にそのスプレーで2度、ホッキョクグマを撃退した経験があるそうだ。

テントを張り終えると、次は食事の支度。まずは鍋に雪を詰め、それを火にかけてお湯を作る。お湯が沸いたら、大場さん特製のペミカン（冒険用食品）というオリジナル冒険食の準備だ。これは肉や野菜を調理してフリーズドライにしたもので、銀色の密封パックから食器に移してお湯を入れてかき混ぜると、ねっとりとしたちょっと脂臭い食事ができあがる。お湯を注ぐ前は鳥のエサみたいで、お湯で柔らかくすると成形前のコロッケといった感じだ。カロリーを高めるため、かなりの量の脂を含んでいて、慣れないうちはその脂臭さがキツくて、僕は最初義務感だけで食べていた。しかし、毎日ソリを引いて疲労が蓄積してくると、このペミカンがだんだん美味しくなってくるから不思議だった。

2日目。まだ全員のペースが合わず、15分ごとに立ち止まっては隊列を整え直す。気温はマイナス25℃、弱い風が後方から吹いている。足元の雪面が固く締まっているので、スキーではなく徒歩で進むことにする。天気もよく、周囲は真っ白に凍結して、遠くには水平線が見渡せた。

一日歩き続けた夕方頃、気づくと隊列の後ろの方がずいぶんと離れてしまっていて、誰かがソリの上に座り込んでいるのが見えた。

「ちょっと待っててね」

異変を感じた大場さんはソリを外し、最後尾まで様子を見に戻った。どうやらソリの上に座り込んでいるのは、僕より二つ年下の大学生K君のようだ。彼は僕と同様、テレビで大場さんを知って参加した空手有段者の若者だ。やがてK君は、大場さんに支えられるようにして僕らに追いついてきたが、めまいでフラフラし、体に力が入らないという。大場さんは、やや早めだがそこでキャンプという指示を出した。

「ちゃんと水飲んでる？　たぶん水分不足じゃないかな。極地は乾燥してるから、水分摂《と》らないと血流悪くなって、凍傷にもなりやすくなる。僕なんか一日に5リットルは飲むよ」

大場さんはK君だけでなく、みんなにそう言った。K君は翌日にはよくなったが、大場さんは、まだ体が寒さに適応できていないのと、やはり水分不足が原因だろうと言った。幸い、大場さんのアドバイスに従って意識的に水分を補給したことで、K君が再び同じ症状を起こすことはなかった。

3日目。僕たちはみんな全員1台ずつソリを引いていたが、女子大生のAさんと50

代の主婦のTさんの女性二人組だけは、重い荷物を他のメンバーに振り分けて1台のソリを二人で引いていた。Tさんは他のメンバーよりかなり年長だったが、大場さんの「行きたいという人はみんな連れて行く。どうするかはみんなで考える」という方針のもと、参加していた。

この日は昨日の遅れを取り戻そうと、みんな朝から張り切って進んでいたのだが、午後になると、海流で割れた氷が山のように積み上げられた乱氷帯に突入してしまった。平坦な海氷上は比較的楽にソリを引けるのだが、乱氷帯は段差が障害になって体力の消耗が激しい。夕方頃になってようやく乱氷を抜けられたが、出たところで隊列の後ろの方から声がかかった。

「おーい！　ちょっとストップー！」

振り返ると、後ろで誰かが雪面に突っ伏している。それはどうやら主婦のTさんのようで、乱氷帯を進むのに体力を使い果たしてしまい、疲労が激しいようだった。「Tさんギブアップー！」という声を聞いた大場さんは、「よし、ここでキャンプにしよう！」と即断した。

その夜、全員でミーティングを行い、連日遅れる人が出ているので、明日から歩き方を変えようと大場さんが提案した。とくに主婦のTさんは体力的に限界のようなので、装備はみんなに振り分け、Tさんはソリを引かずに空身《からみ》で歩くことにした。Tさんがみんなに申し訳ないと謝ると、昨日遅れたK君がそれをフォローした。

「俺も昨日迷惑かけちゃって。そんなに気にすることないですよ」

続いて大場さんも付け加えた。

「極地はね、体力も必要だけどそれよりも適応が大事。元気な空手マンだって調子悪くなっちゃうんだから、ゆっくりと時間をかけて慣らしていけば、大丈夫ですよ」

しかしミーティング後、足指の痛みを訴えたTさんが初期の凍傷にかかっていることが判明し、結局Tさんはそこでリタイアすることになった。大場さんは後々まで「Tさんを最後まで連れて行ってやれなかったのが心残りだ、オレの責任だなぁ」とずっと嘆いていた。この冒険に参加する際に面接やら選考などはいっさいなかったし、大場さんは、行きたい人は誰でも、たとえ僕のように経験のない素人や女子大生、年配の主婦でもみんな連れて行くと言っていた。体力差は当然ある。しかし「遅れる人がいればみんなで助ける。その方法もみんなで考える」と言っていたのだった。

本物の（?）ホッキョクグマ

6日目。まだメンバー全員がテントの撤収に時間がかかるので、9時出発の予定がどうしても15分ほど遅れてしまう。この日はホッキョクグマの足跡をあちこちで見かけたが、そのひとつには点々と赤い血が滴《したた》るように続いていた。ひょっとして、つい今しがたアザラシの肉でもくわえてクマが歩いていったのか？　とビビッていると、僕の後ろからピーターが「シール（アザラシ）！」と声を上げた。彼がストックで指し示した方角を見ると、ずっと先の雪面に黒いものがモゾモゾと動いていて、見ている間にそれがスッと姿を消した。どうやら、氷の上にいたアザラシが、再び海の中に潜ったようだった。アザラシは、ときおり呼吸するために海氷の割れ目から顔を出して休んだりするのだが、ホッキョクグマはそこを狙って襲うらしい。

ソリを引いて歩いていると、マイナス30℃でも暑くて汗をかく。北極の徒歩行では意外なほど薄着で、大概はアンダーウェアの上にフリースを着て、その上にゴアテックスのようなナイロン系のジャケットを羽織るだけだ。汗をかき過ぎると、それがフリースの層で凍りついてしまうので、ジッパーをこまめに開け閉めして体温調節をする必要がある。しかし、初めての僕はまだ感覚がつかめなくて、大量の汗がフリースにバリバリに凍りついてしまった。そうなると、体が冷えていつも以上に体力を消耗してしまう。午後5時の行動終了時には、僕は疲労とダルさでほとんどガス欠状態だった。

9日目。海氷上から島越えに入る。バサースト島に上陸すると、そこはポーラーベアーパスという名の東西に伸びる広い谷になっていた。そこからいくつかの凍結した湖や水の涸《か》れた浅い川を横切って西に進み、途中から北へ90度方向転換して物資補給地点のメイ入江を目指す。急斜面をみんなで手分けしてソリを引き上げたり滑り降ろしたりして進みながら、やがて小高い丘を越えると、突然前方に20頭ほどの黒い動物の群れが現れた。ジャコウウシだ。マンモスと同時代から極地で生き延びてきた、半月状の角と長く黒い体毛が特徴の大型のウシだ。あんなに大きな動物が、こんな場所にたくさん群れでいることが僕には驚きで、「もしかして誰かが放牧でもしてるのか？」と、思わず大場さんに「あれ、野生ですよね？」と確認してしまう。ジャコウウシは、夏は高山植物のような植物を食べ、冬には雪を掘り起こして岩にへばりつく苔《こけ》などの地衣類を食べるという。

14日目、バサースト島を越えたところで、飛行機による1回目の物資補給を受けた。軽くなっていたソリに再び2週間分の荷物が載せられたが、体が慣れてきたのか、さほど重さは感じない。その後は毎日20㎞前後を安定的に進み、歩く距離も少しずつ伸びていった。

隊列の先頭を歩く大場さんのすぐ後ろで、僕は大場さんがどうやって目標物のない海氷上で方角を測っているのかをよく観察していた。目的地に向かって真っすぐ進路をとるために、大場さんはまず時計で時刻を確認すると、太陽に向けてストックを突き出し、そこから一定の間隔でストックを動かすと雪面に直線で十字を引いた。どうやらこれが東西南北を示すらしい。大場さんは次にその十字の中心に立ち、真っすぐ北を向くと、前方に目標物を探して進むべき進路と方向を確認した。つまり、時刻と太陽の位置とによって方角を定めていたのだ。雲が厚くて太陽の位置が確認できない時は、風向きや雪面に刻まれた風紋の角度を見ながら方向を割り出す。山などの大きな目標物がない北極の海氷上で一定方向に真っすぐ進むためには、進行方向に適当な氷の突起などを目標に設定し、そこまで行くとさらにその先の延長線上に新しい目標物を設定するようにしながら進んでいった。

出発から3週間、5月になると気温も急上昇し、それとともに曇りや雪の日が多くなってきた。足元の雪面も硬さを失い、スキーを履いても次第に足が雪に潜るようになってきた。そんなある夕方のことだった。一日歩いた後にキャンプを設置して、いつもどおりペミカンにお湯を注いで食べ始めた時、突然テントの外で大場さんが叫んだ。

「ポーラーベア！　シロクマが歩いてくるぞー！」

その声に、僕が食べかけのペミカンを放り出し、ジャケットを着込んで急いでテントの外に走り出ると、他のメンバーも一斉にテントから出てきていた。大場さんが「ほら、あそこだよ」と指差す方向を見るが、しかし僕たちの目には、クマがどこにいるのかまったくわからない。

「あそこ、水平線に氷が飛び出てるあたりだよ」

双眼鏡で見ると、そこにはたしかにホッキョクグマの姿があった。３００ｍは離れているだろうか、ヤツは氷の上に座ってこちらの方を見ていた。初めて見る野生のホッキョクグマの姿に、僕はちょっと感動したが、できればもう少し近くで見てみたいと思った。クマはしばらくそこで寝転んだり、起き上がって匂いを嗅《か》ぐ素振りを見せたりしていたが、そのうちどこかに去っていってしまった。

連日の強行軍にもすっかり慣れ、ゴールの北磁極まで残り２００㎞を切った頃だった。レゾリュートからの無線で、北磁極周辺に大きなオープンウォーターが発生しているとの連絡がきた。オープンウォーターとは、風や海流の影響で凍結した海氷が割れて、海水面が大きく露出した状態のことだ。報告では幅10㎞前後、長さ数百キロにわたって海氷が裂けているらしい。北磁極は、アイザクセン岬からさらに40kmほど北にその中心があり、オープンウォーターは、その僕たちの進路をさえぎるように横たわっているとのこと。僕たちは話し合いの結果、オープンウォーターがバックリと口を開けている今の状況で北磁極中心部まで行くのは危険すぎるので、岬から10kmほど北のオープンウォーターの影響がない北磁極圏内を最終目的地とすることに決めた。

5月20日、いよいよ最終日。出発から35日目。アイザクセン岬から北は、遥か向こうのロシアまで約2000kmにわたって陸地の存在しない北極海だ。岬の北側から浅い海岸線を進んでいくと、僕たちの身長より大きい乱氷ブロックが見渡す限り広がっているのが見えた。大場さんは、これまで僕たちが歩いてきた島嶼《とうしょ》部と広い北極海上とはまったくの別世界だと言っていた。それを聞いた時、僕は、ここから先の北極海はいったいどうなっているんだ？　と、もっと自分の知らない世界を見てみたいという思いに駆られた。

正午、アイザクセン岬から10kmほど歩いたところで、大場さんが言った。

「よし、ここまでにしておこう、これ以上は危険すぎる」

僕らの周囲にはテトラポッドを積み上げたような2～3mの乱氷の山が広がっていて、そこから先はとても僕たち素人がソリを引いて進めるような状況には見えなかった。今日まで35日間ひたすら歩き続けてきたが、僕が見た北極の姿は、全体のほんの一部に過ぎないのだと感じた。

翌日、僕たちをピックアップするためにチャーターした小型機がレゾリュートから飛んできた。僕たちが35日かけて歩いてきた道程を、飛行機はわずか2時間のフライトで帰還した。

こうして、僕の初めての北極冒険、初めての海外旅行は終わった。この時はまだ想像もしていなかったが、ここから僕の北極まみれの人生が始まっていくことになるのであった。

コラム　2000年北磁極を振り返って

2019年、私は素人の若者たちを率いてカナダ北極圏を600km踏破する旅を計画し、実行した。19歳から27歳まで、参加した12名の若者たちは全員が無事にゴールを果たすことができた。

私の冒険の端緒となった2000年の大場さんによる北磁極行から19年が経ち、40歳を過ぎた私にもそろそろ順番が来たな、という思いだった。

2000年の北磁極行以降、私はひたすら「自分の冒険」に没頭し続けた。北極点や南極点への無補給単独徒歩での到達をはじめ、難易度の高い遠征にも挑戦し続けた。それらはすべて「自分のため」だった。冒険とは自己満足の産物だ。抑えられない欲求、じっとしていられない衝動に身をゆだね、知的好奇心や人間本来の情動を身体表現とした時に、冒険や探検と呼ばれる行為になる。

2000年以降、毎年北極に赴き、自分のための冒険を続ける中で、私は「この日々を続けていった先には、きっと大場さんが私たちにしてくれたように、自分が若者たちを極地に連れていく日が来るのだろう」というイメージを持っていた。それがいつになるかはわからないが、いつかやってくるはずだと思っていた。

2018年に南極点無補給単独徒歩到達を行う中で、この遠征が無事に終わったら来年は若者たちを北極に連れて行こう、そう考えた。ようやく自分の中でその計画を実行する許しが出たような、そんな気がした。

若者たちを率いての北極行は、それまで単独での冒険を中心に行ってきた私にとって新鮮な体験となった。

単独行というのは、誰かとの比較を行うのが難しい。

ずっと単独行を続けていると、長年の経験から自分が成長していることは理解できても、他者との相対的な評価ができないため、腹に落ちるような成長をいまいち感じられないものだ。

２０１９年に素人の若者たちを率いて1ヵ月の北極行を行った時、私は初めて自分自身を相対的に知ることになった。

12名の若者たちは、私が２０００年の北磁極行に参加した時同様に、全員がまったくのアウトドアど素人だった。つまり彼らは「19年前の私」そのものだった。そんな彼らと一緒に旅をする中で、私は何度も「なぜこんな簡単なこともわからないのだろう」「なぜできないのだろう」と思ったものだが、その直後に「そうか、自分も最初はわからなかったよな」と気づくことになる。

長年の極地経験の中で身に付いてしまった技術や習慣は、まだ経験の浅い立場を忘れさせてしまう。若者たちと北極を歩くことで、まだ新鮮な目で北極を見ていた、22歳の頃を思い返す機会になった。

若者たちと私の間にある差こそが、私がやってきた極地冒険の結果なのだろうと知った。19年前の自分自身である若者たちと一緒に北極を歩くことで、初めて自分の19年の意味を知る機会になった。

最初の北磁極行は、私に「広い世界への扉」の存在を気づかせてくれる旅だった。若く、自分のエネルギーを持て余しながら、そのやり場に悩んでいた私は、大場さんの打算のない純粋なエネルギーに惹かれ、北極という未知の世界に吸い込まれるように、極地冒険のスタート地点に立った。あの時の私に、迷いはまったくなかった。北極に行ったらどうなるだろう？　将来は安定するだろうか？　家族や周囲は何を言うだろうか？　そんなものは頭の片隅にも留めず、すべて「どうにかなる」と信じていた。

大場さんをテレビで見た日は、私の人生に大きな転換をもたらした日となった。大場さんに連絡を取ろうと、返事が来るかもわからず出した手紙に対し、返信が来た日のことは忘れない。実家のポストに大場さんからの封書が届き、それを手にしたあの瞬間、私は「ああ、これから自分の人生に、何かが始まるのかもしれない」そんな予感がした。

人生の大きな転機というのは、思いがけずやってくるものだ。私には何気なく見ていたテレビ番組がそれであった。そんな転機は誰にでも、毎日訪れているはずだ。私はあの時、自分の人生に動きをもたらす「何か」を強く求め、その可能性を感じた大場さんに向けて主体的に手を伸ばしてみた。

冒険とは、主体的に手を伸ばし、足を踏み出すその一歩の行動から始まる。

誰に命じられるわけでもなく、自分の衝動から生まれる打算のない純粋なエネルギーを行動に移した時、その行動にはいつか必ず意味が与えられる日が来る。

2回目

北極一人旅

～2001年レゾリュート～

マイナス40℃を下回ると、体のすべてが凍りそうな恐怖

はじめの一歩

２０００年６月。初めての北極行から帰国した僕は、日本に戻ってきてもしばらくは何もする気が起きず、なかなか日常生活に戻ることができなかった。友だちに北極の話をしていても、まだどこか夢心地というか、北極の余韻が体の中に残っていた。

やがてアルバイトを再開し出すと、少しずつこれまでどおりの見知った日常に戻っていくことはできたが、そんな日々を繰り返すうち、僕はまた「あれ、何かおかしいぞ」と再び悶々とし始めた。これじゃあ北極へ行く前と何ひとつ変わっていないじゃないか。人生に変化を求めて北極に行ったはずなのに、自分はまた前と同じような日々を繰り返している、と。

「オレ、何やってるんだろう？」

そう思い始めるといても立ってもいられなくなり、なぜか無性に北極が懐かしくなってきた。去年テレビで大場さんを知って手紙を出し、北磁極まで歩いた時の「やるべきことが明確な日々」をもう一度取り戻したくなってきたのだ。その時の僕はきっと、「冒険」というものに期待し過ぎていたのかもしれない。北極を７００㎞もソリを引いて歩くような体験をすれば、それだけで今までの惰性のような人生から解放されるんじゃないかと、そんな期待を抱いていたのだ。だが現実には、日本に帰ってくれればまた以前のような日常が待っていて、そこから脱却したいのであれば、もう一度自分から動かなくてはならなかった。その思いは日増しに募り、ついには「自分で動く＝また北極へ行く」というごくシンプルな結論に落ち着いていった。

年が明けた２００１年、僕は再び北極へ行こうと決心した。しかも今度は一人で。僕が行ったことがある場所はレゾリュートだけだったし、僕にはまだ知らない海外に一人で行けるほどの勇気がなかった。両親に「今度は一人で北極に行ってくる」と告げると、今回も反対はしなかったが、二人が心配な気持ちをグッとこらえていることだけは伝わってきた。

僕は、レゾリュートから北磁極までの昨年と同じルートを、今度は一人で歩こうと計画した。目標が定まると、毎日自宅周辺の山道をランニングして体力作りをし、アルバイトで資金を稼ぎ、頭の中をすべて北極へ行くための準備に切り替えた。２度目の北極に向けては大場さんにも相談にのってもらい、装備などについてアドバイスを受けた。去年サポートしてくれたピーターにも連絡すると、ピーターは今年、冒険家の河野《こうの》兵市《ひょういち》さんのサポートでレゾリュート入りするのだという。僕は、河野さんのことについては、北極点まで徒歩で到達した実績のある人だということを知っていた。レゾリュートにはピーターもいるし、冒険家としてベテランの河野さんもいるというので、僕は一人での北極行も少し気が楽になったような気がした。

北極で自分を知る

半年間のアルバイトで貯めた１００万円を資金に、僕は再び成田空港から北極を目指して出発した。初めての一人旅で勝手がわからないながらも、3月3日に無事にレゾリュートに到着。昨年と同じ宿に着くと、そこには河野さん、日本からのサポートスタッフ2名、それとピーターの姿があった。

河野兵市さんは、１９９７年に日本人として初めて北極点に単独徒歩で到達した冒険家で、20代の頃から自転車で世界中を走り回り、南米のアンデス山脈をはじめいくつもの世界的高峰にも登ってきた人だ。リヤカーを引いてサハラ砂漠を徒歩で横断した後、極地冒険の世界に入った。97年に北極点到達後は、新プロジェクトとして北極点から故郷の愛媛県瀬戸町（現・伊《い》方《かた》町）まで徒歩とシーカヤックで帰ってくる「リーチングホーム」と名付けた旅を計画し、２００１年はその第一歩となる北極点出発の年だった。

「オォ、コウノ！　ひさしぶり！　元気だったか！」

レゾリュートのイヌイットが河野さんに声をかける。長年ここに通う河野さんには現地の知り合いも多く、その大らかで人懐っこい性格は多くのイヌイットからも慕われていた。

「いやぁ、ひさしぶり！　今回は北極点から歩くんだ！」

「そうか、気をつけて頑張れよ！」

河野さんは、ヒマラヤでの登山中にアイスブロックの崩落で口元に大きな傷を受けたことがあり、それを隠すように口ヒゲを生やしている。そのヒゲがいかにも「冒険家」といった風貌で、全身から世界中を旅してきたパワーを感じさせていた。

レゾリュートに来て5日目、僕は沖までソリを引いて海氷上で一泊する訓練を行った。今回は、昨年大場さんに連れられて歩いた北磁極までの道のりを一人で歩いてみようという計画だ。僕は、用意してきた装備品のチェックをしながら、自分の力がはたしてどれほどのものか、氷の上で実際に感じたいと思っていた。気温はマイナス30℃。氷の上をソリを引いて一人で歩き出すと、去年とは明らかに違う緊張感があった。沖に出るにつれて次第に小さくなっていくレゾリュートの村を度々《たびたび》振り返っては、また歩く。そうしているうち、なんだか急に心細さが込み上げてきた。もしこれが村から何百キロも離れた海氷上だったら？　一人きりで何かトラブルに遭ったら？　と、今さらながら、去年とは状況がまったく違うのだという恐怖感に襲われた。そこに、トレーニングのためにソリを引いて歩いてきた河野さんが、村の方から軽い足取りでやってきた。河野さんは、テントの設営を行っていた僕の脇に立ち止まってぐるりと周囲を見渡すと、僕に声をかけてきた。

「ここでキャンプするの？」

「はい、ここで一泊しようと思ってます」

「装備はどう？　そのテント使えそう？」

「あ、はい、大丈夫だと思います」

「そう。じゃあ自分はもうちょっと先まで行くから。クマもいるかもしれないから気をつけてなー」

そう言うと、河野さんはソリを引きながらまた沖の方へと歩いていった。僕は、河野さんの後ろ姿を見送りながら、不安を感じたまま自分のテントに潜り込んだ。さっき河野さんに「そのテント使えそう？」と尋ねられた時、ドキッとした。僕自身、テントを立てながら「これじゃあ使い物にならないかもな」とうっすら感じていたからだ。今回僕が持参したテントは、去年使ったものと同じ市販品の山岳用テントで、前回は大場さんの指導でメーカーにお願いして極地用に改良を施していたが、今回は市販品をそのまま持ってきただけだった。実際に現地でテントを設置してみて初めて、前回大場さんが施した改良の意味がわかった。テントを立てるにしても、寒冷地では金属ポールが凍って曲がりにくくなるため長さをカットする工夫が必要だし、テントの上にかけるフライシートにスカートを縫い付けるのも、極地特有の強風にテントが飛ばされないよう、テントの周囲を雪で埋められるようにする工夫だった。おそらくその程度の改良なら、やろうと思えば今からでもできただろう。しかし、問題の本質はそこではなかった。去年はただ大場さんが用意してくれたものを使い、用意された計画に沿って一生懸命歩いていけば北磁極まで辿り着くことができた。大場さんや他の仲間たちに甘えられる部分もあり、ちょっとした装備の工夫や疑問点についてあらためて追求しなくても困らない状況だった。ただ、一人旅は違う。昨年の北磁極行では気づかなかった多くのことが、今回ここに来て初めてわかった。問題は、装備ではなく、装備を理解できていない僕自身にあるのだ。河野さんは、僕のキャンプ風景を一目見て、直感的に「大丈夫か？」と思い、それで声をかけてくれたのかもしれなかった。初めての一人きりでの海氷上のキャンプは、寝袋に入っても緊張感で眠れず、朝になるとすぐ、僕はレゾリュートの村に逃げるようにして戻った。

北磁極まで一人で歩くにあたってのもうひとつの懸念材料が、サポーターの不在だった。本来なら、冒険中は無線で定期連絡や緊急時の手配などをしてくれるサポーターが必要なのだが、今回はそれが見つからなかったのだ。当てにしていた人が急遽レゾリュートを離れなければならなくなり、僕はここで宙ぶらりんの状態となってしまっていた。北磁極まで歩くには、定期的に連絡を受けてくれる人が少なくとも一人は必要だった。

レゾリュートで数日間、キャンプ訓練や準備作業などを行ううち、僕は次第に自分自身の置かれている現状が見えてきた。装備の甘さ、経験不足、知識不足、サポーターの不在……。大場さんに連れられてたった1回歩いただけの人間が、いきなり北磁極まで一人で歩けるだろうか？　自分の中に迷いと疑問が湧いてきて、僕は夕食の時、宿の食堂で河野さんに相談してみた。

「河野さん、ちょっと相談があるんですけど」

「何、どうしたの？」

河野さんは、大きな皿に3人前はあろうかと思われる肉と野菜を山盛りにして食べていた。

「今回僕にはサポートもいなくて、持ってきた装備も本当に使えるのかちょっと不安だし、第一、自分が本当に歩けるのかどうかわからないんです。それで、どうしようかと思って……」

「そうだねぇ。で、どうしたいの？」

「予定どおり北磁極まで歩くか、もっと短い距離にするか、あるいは歩かずに帰るか、どうしたらいいかと思って……」

河野さんは少し考えてから言った。

「ああ、そう。僕も長年ここに通ってるけど、いろんな人がいたよね。中には失敗する人もいたし、みんなから盛大に送られてきた人が結局ろくに歩けずに終わって、隠れるように自分の国に帰ったりするのはつらそうだったけど」

河野さんは少し間をおいて言った。

「まあ、自分で決めることだけど、無理せんほうがいいよ」

遠回しな言葉ながら、ズバリと本質を突くアドバイスだった。僕には「君にはまだ無理だよ、やめておきなさい」と聞こえた。河野さんは僕の力不足を完全に理解していたはずだ。ただ、矛盾しているかもしれないが、力不足は僕自身日本を出る前から百も承知で、心の底では「本当にできるのか？　無理かもしれないな」とは感じていたのだ。河野さんに「無理せんほうがいいよ」と言われた時、ある意味救われたような気さえしたが、ひょっとしたら僕はその言葉を待っていたのかもしれない。それでも、僕はどうしてもレゾリュートまで来たかったのだ。「どうせできない」とあきらめて行動を起こさなければ、何も前進しない。僕は、また日本で以前のような無目的な日常を繰り返すことだけはイヤだった。今の僕に北極一人旅なんて無謀な計画かもしれないが、レゾリュートまで行けば、必ず得るものはあると思ったのだ。

河野さんの一言に気持ちが吹っ切れ、僕は結局歩かないことに決めた。

そう決めると急に気が楽になって、せっかくここにいるのだから、その間に少しでも何か吸収しようという頭に切り替えた。中でも、やはり河野さんの行動をよく観察した。どんな装備を使っているのか、どのように冒険の準備を進めるのか、僕はまるで河野さんのチームの一員にでもなったかのように、常に河野さんたちについて回った。

極地冒険の厳しさ

レゾリュートには、世界中から極地冒険を志す者がやってくる。みんなこの村を冒険の拠点にして旅立っていくのだ。ある日、北極点を徒歩で目指すというドイツ人とシンガポール人の二人組が河野さんを宿まで訪ねてきた。

「ミスターコウノはいるか？　話を聞きたいんだが」

変わった組み合わせだなと思って話を聞くと、二人はレゾリュートに来る直前に顔を合わせたばかりで、飛行機のチャーター費を安く上げるためにここで初めてパートナーとして組むことにしたのだと言った。彼らは単独徒歩で北極点に到達した実績を持つ河野さんに話を聞きたいようだったが、あいにく河野さんはその時、レゾリュート沖の海氷上にトレーニングに出ていて不在だった。シンガポール人は登山家で、世界七大陸の最高峰すべてに登頂した経験を持ち、昨年は南極点に到達し、残す未踏の地は北極点だけなのだと言っていた。

「河野さんはトレーニング中でいないんだ。明日には戻ってくるよ」

僕が説明すると、シンガポール人が答えた。

「そうか、残念だな。俺たちは明日スタートだから、彼には会えないな」

「あれ？　レゾリュートにはいつ着いたんだっけ？」

「3日前だ」

「3日前に来て明日出発って、どこかで耐寒トレーニングとかはしてきたの？」

「いや、耐寒トレーニングなんてしてないぞ。早いところ北極点に行きたいから、俺たちは明日スタートするんだ。セブンサミッツ（七大陸最高峰）は全部登ったし、去年は南極点にも行き、あとは北極点に行けばグランドスラム（完全制覇）なんだ！」

彼はシンガポールでは有名人のようで、着ているジャケットには有名企業のステッカーが何枚も貼られており、スポンサーも豊富なように見えた。小柄だが、登山家らしく広い肩幅とガッチリとした太い腰回りで、醸《かも》し出す雰囲気は自信に満ちあふれていた。

翌日、トレーニングから戻った河野さんに二人組のことを報告すると、

「七大陸の最高峰とか南極とは、北極点はレベルが全然違うよ。そんなところいくら登ったって、北極点のためには何の経験にもならない。ここの厳しさはそれらとは別ものだから、きっと彼らには難しいね。トレーニングもなしじゃなおさらだ」

河野さんは僕にそう言った。河野さんは七大陸最高峰のいくつかには登っているし、北極点にも行っている。これはどうなることかと思っていると、シンガポール人はスタートから1週間も経たずに手の凍傷を理由にギブアップし、レゾリュートに引き上げてきた。戻ってきたシンガポール人の様子を見に行った河野さんは、「あいつ、very coldって言ってたわ」と苦笑交じりに話してくれた。ピーターは「彼の凍傷はギブアップが必要なほどの重傷でもない。行こうと思えば続行は可能だったんじゃないかな。ただ、それ以前に彼はスピリットを完全にやられてたね」と言った。つまり、北極の想像以上の厳しさに精神的に参ってしまったということらしい。ちなみに、彼

はこの翌年また北極に挑戦し、北極経験の豊富なプロの冒険家を同行ガイドに雇って、見事に北極点到達を果たしたという。

北磁極までの徒歩行中止を決めると、僕の気持ちはすでに来年に向いていた。今年何もできなかった悔しさと、どこまでできるか自分を試してみたい思いから、来年こそは絶対に一人で歩いてやろうと心に決めた。来年また挑戦するとしたら、どこを歩こうか？　僕は河野さんの計画が気になってピーターに尋ねてみた。

「ピーター、河野さんは今年、北極点からグリスフィヨルドまで歩くんでしょ？」

「そうだよ」

「じゃあ来年、河野さんがグリスフィヨルドをスタートしてレゾリュート経由で南に進むのなら、僕がその逆ルートを歩けばどこかで河野さんに会えるかな？」

「そうだね、レゾリュートからグリスフィヨルドまでなら、一人で歩くにはちょうどいいルートだよ」

レゾリュートからカナダ最北の集落であるグリスフィヨルドまでは約５００㎞。冬は凍結した海氷上をイヌイットが犬ゾリやスノーモービルで行き来することもあるらしい。僕がそのルートを逆方向から歩いていけば、来年グリスフィヨルドからレゾリュートに向かって歩いてくる河野さんとどこかで会えると思い、僕は来年の一人旅のルートをそこに決めた。

河野さんの北極点スタートが近づいたある夜、愛媛から現地に取材に来ていた新聞記者と河野さんの始めた雑談が、次第に昔話になっていった。

「サハラ砂漠をリヤカー引いて歩いた時、あんまり暑いからもう勘弁してくれって思ってね、次は寒い所に行こうと、それで北極に来たんだ。最初はアラスカでユーコン川を仲間3人で真冬に歩いたけど、いきなりマイナス58℃の大寒波に襲われてね。命からがら帰って来たけど、みんな凍傷になって、惨敗やったね。今となっては笑い話だけど、一緒に行った彼らはその後、山で死んでしもうたな」

それから河野さんは、いろいろな話をしてくれた。若い頃に世界一周の旅に出たきっかけ、旅先で出会った人たち、ニューヨークで皿洗いをしながらひたすら体力作りに打ち込んでいた頃のこと、北米大陸を徒歩で横断した話、南米で女に沈没していく旅人の話や登山との出会い、そして一緒に旅した友人たちの死……。

「もう、みんな死んでしもうた」

最後に河野さんがぽつりとつぶやいた時の、寂しそうに遠くを見るような目が印象的だった。

いよいよ河野さんが北極点を出発する日。レゾリュートから北極点へ飛ぶチャーター機は早朝に出発するため、河野さんとスタッフはまだ暗いうちから準備に追われていた。河野さんたちがあわただしく準備をする様子を見ている僕にも、出発前の緊張感は十分に伝わってくる。パッキングを終えたソリを車に積み込むと、僕は河野さんに「気をつけて行ってきてください」と言って右手を差し出した。防寒着に身を包んだ河野さんは、それに、「ありがとう」と力強い握手で応えてくれた。河野さんは最後にもう一度、忘れ物がないかとぐるりと室内を見渡すと、「よし、行こうか」と言ってドアを開け、まだ薄暗い外へと出て行った。部屋の中に白い冷気が流れ込み、河野さんの後ろ姿がドアの向こうに消えると、部屋はまたいつもの暖かい早朝の静けさに戻った。

北極点は、レゾリュートから北へ1500km以上離れている。レゾリュートのベースキャンプと北極海上の河野さんを繋《つな》ぐ短波無線は、距離が長くなればなるほど感度が悪くなり、地形や地磁気の影響を受けやすい。また、太陽からの磁気嵐が激しいと、近距離でも電波が届かなくなるブラックアウトと呼ばれる状態になる。この時は出発3日目にブラックアウトになり、河野さんと無線での交信ができなくなってしまった。

ただ、予備の連絡手段であるアルゴス信号の発信が確認できたので、大きな問題はなさそうだった。アルゴスとは、人工衛星へ電波を飛ばす発信機の一種で、スイッチを入れると現在地の緯度と経度、さらに1から16までの数字をメッセージとして送ることができる。例えば、1は順調、2は停滞、3は体調不良、などというようにベースキャンプとあらかじめメッセージ番号を決めておけば、それでおおまかな状況は確認できるというシステムだ。

4月1日、僕がレゾリュートを発つ日が来た。この1ヵ月の間に河野さんはじめ世界各国の冒険家と直接話ができたことは、僕にとって大きな刺激になった。やはりレゾリュートまで来てよかった、そう思いながら僕は日本への帰路に就いた。日本に着いたのは、ちょうど桜が満開の頃。その桜を見ながら僕は、来年再びレゾリュートへ戻るために、これからやるべきことを頭に思い描いていた。

コラム　2001年レゾリュートを振り返って

本当の意味で、自分の旅が始まったのはこの2001年だったのかもしれない。

大場さんに連れられて歩いた北磁極は、やはり「連れて行ってもらった」旅であった。大場さんに北極に連れて行ってもらい、あいまいな自分自身を厳しい北極という環境に変えてもらおうとしていた、そんな旅だった。

この2001年を迎えて、ようやく主体的に「行く」という姿勢が生まれた最初の年になった。自分の意志と行動で、北極に行くことを決めた。

これまで何度も「なぜ2度目の旅も北極だったのか」と尋ねられた。その度に、他に行ける場所がなかったからだ、と答えてきた。

その答えは正しいのだが、最初の北極行を経験した後、もう一度行くなら北極へという思いが高まっていた。北極の未知性がそれを後押ししていたと思う。多くの人が行くことで情報が豊富にある場所よりも、自分の手で旅を作り上げていくような場所として、北極には魅力があった。

初めての一人旅で出会った河野さんは、今でも私の中で忘れられない存在になっている。

当時の河野さんは43歳になる直前だった。世界中を旅してきた河野さんの姿には、大場さんとは違うものがあった。もう一人の日本人冒険家と出会い、そして間近で1ヵ月を過ごした経験は私にとって一生の財産になっている。

河野さんのその後の顛末《てんまつ》を知らない方たちには、これから私が書くことはネタバレになってしまうため、まずは次章の冒頭を読んでからここに戻って来ていただきたい。私が日本へ帰り、1ヵ月ほど経った時にあの事故は起きた。

河野さんの身に何が起きたのか、それを正確に知る者は誰もなく、現場の状況から推測するしかない。私なりの考察は拙著『考える脚』にも書いており、ここでは紙幅も足りないので控えるが、私にとって河野さんの存在の大きさというのは、この事故の影響の大きさと同一であるとも言える。

現在の私は、すでにあの時の河野さんよりも年齢を重ね、極地経験が豊富になってしまった。なぜあの事故が起きたのか？　海氷の問題や、装備面などの考察をすることもできるが、私が今でも気になるのは、やはりあの時の河野さんの精神状態だ。

レゾリュートで出会った河野さんは、すでに疲れ切っていたように思う。2001年当時の私にはわからなかったが、今あの時のレゾリュートを思い返すと、違和感を覚える場面が多々ある。極地冒険を続ける中で、私も河野さんの直接の知人や支援者など、多くの人たちに出会ってきた。そんな方たちの話を聞き、私自身がレゾリュートで見て感じたことが交わる瞬間がたくさんあった。

1997年に日本人初の単独徒歩での北極点到達を果たした河野さんは、愛媛県が生んだヒーローになっていた。一介の冒険野郎として個人的な冒険を好きにしていた時から比べれば、2001年の計画は関わる人も、必要な資金も、桁違いに大きくなっていた。

その資金集めや各方面との渉外活動がどれほど大変だったか私は直接には知らないが、その後、私自身が河野さんの支援者や友人知人たちと会って話を聞く限り、その苦労が垣間見えた。そして、日本での奔走からようやく解放され、一息つけるのが冒険の最前線となるレゾリュートだった、という経緯だったのだろうと思う。

レゾリュートでの河野さんは、明らかに疲れていた。それは、これから過酷な北極海での単独行に臨む冒険家の姿ではなかったと、今の私は感じている。

今、私はあの時の河野さんに尋ねたいことが一つある。「河野さん、本当に自分の心から挑戦したいと思う冒険に出たんですか?」ということだ。

2012年から私も北極点の挑戦を始め、アルバイトをしながら自己資金だけで冒険をする段階から、スポンサーなどの「お金を集める」という段階になっていった。

そんな時、真っ先に私の頭をよぎったのは河野さんの存在だった。私自身が間近で過ごし、そして北極海で死んでいった冒険家の姿は、人からお金を集めること、冒険と社会の関係性、それらを冷静に考えるための教訓となった。

2001年夏に、松山市で河野さんを偲《しの》ぶ会が大々的に催され、私も足を運んだ。その際に、レゾリュートで一緒だった、河野さんの遠征事務局の方と一緒に河野さんのご実家へ焼香に伺った。

四国の西に細長く突き出た佐田岬半島。海から突然山がせり上がるような急勾配のみかん畑の中に、河野さんの生家はあった。

我々を、背中を丸めた河野さんのお母さんが出迎えてくれた。線香をあげ、挨拶する私たちに対し、お母さんは亡き息子のことを「ひょうちゃんがね」と呼ぶ。曲がった腰をさらに小さく曲げ、寂しそうに息子を語るお母さんの姿は今でも私の脳裏に焼き付いている。

なぜ河野さんの事故は起きたのか。毎年のように北極に通い、計画が次第に大きくなっていくことを自分で感じながら、私は何度も振り返ってきた。明日は我が身なのだ。

登山の世界では、大抵の場合は事故の検証が行われる。しかし、極地のことは誰も知らない。北極海の海氷の特性など、誰も知識を持たない。河野さんの事故は、検証もされないまま忘れられようとしている。

私と河野さんの人生が交わったのは、ほんの短い時間でしかなかった。しかし、その出会いは私の中に大きな教訓を残し、その存在が私を生かし続けている。

誰かの死とは、残されたものの振る舞いで本当の死となるか、または死者として生き続けるかが決まる。

河野さんの死は、私の中で大きな教訓として生き続けている。そして、私がこうして語り続けることで、河野さんは生き続けていくのだと思っている。

3回目

単独初挑戦

～2002年500㎞徒歩行～

レゾリュートで僕のサポートをしてくれたテリーさんと

突然の連絡

「河野さんが行方不明なんだよ……」

その電話を受けたのは、レゾリュートから帰って1ヵ月ほど後の5月中旬だった。電話は、向こうで一緒だった新聞記者の方からで、河野さんからの定期連絡が数日途絶えたことから、日本の事務局とベースキャンプは非常事態と判断し、捜索の飛行機を飛ばしたという。最後に河野さんからの連絡があった地点から、河野さんが目指していたカナダ最北端のワードハント島方向を上空から捜索すると、河野さんのソリと片方のスキー、ストックは氷上に発見できたが、河野さん本人の姿はどこにも見当たらなかったとのこと。ソリが残されていた周辺は海氷状態が極めて悪く、飛行機が着陸できないために氷上での捜索活動はまだできていないという。

「荻田くん、河野さんに何が起きたんだと思う?」

「いや……僕にはわからないですよ。可能性としてだけなら、クマに襲われたとか、海に落ちたとか……」

「河野さんがソリを棄ててワードハント島を目指している可能性はあると思う?」

「いや、それはあり得ないでしょう。冒険家にとってソリは命だから、一時的にソリを離れることはあっても、必ず取りに戻るはずですよ」

「そうだよね……。河野さんはいったいどこに行ってしまったんだろう?」

間もなくするとテレビや新聞が騒ぎ始め、氷上に残されたソリの空撮写真とともに「日本人冒険家が行方不明」という見出しで報道し始めた。ある民放テレビは、わざわざニューヨークからレゾリュートに記者を派遣して衛星で中継を繋ぎ、ワイドショーでは極地の状況や冒険のことなど何もわからないであろうコメンテーターと称する人々が「どの程度の準備をしたのか疑問だ」とか、「危機管理が……」などと適当なことをしゃべっていた。それを聞いた僕は、「お前が何を知っている!」と強い怒りを覚えた。

数日後、ようやく現場に入ることができた捜索隊によって河野さんの遺体は発見された。河野さんは、ソリから伸びたザイルに繋がれたまま、表面だけ薄く再凍結した海の中に落ち込んでいて、捜索隊が氷を割ってザイルを引き上げると、その先に発見されたのだという。直接の事故原因はわからないが、歩行中に何かの拍子に足元の氷が割れたか、あるいは本来なら歩いてはいけないほど薄い海氷上を歩く必要に迫られたのか、真相は誰にもわからなかった。遺体が発見されたことで、次第に報道も終息に向かい、やがて人の話題に上ることもなくなっていった。

この出来事は、改めて僕に北極を一人で歩く意味を考えさせた。と同時に、僕は今までにない恐怖を初めて感じた。これまで何度も過酷な冒険を繰り返してきたベテランの死、しかも北極点まで単独で歩いた実績のある人が遭難したという事実。僕の耳に、レゾリュートで河野さんがつぶやいた「もう、みんな死んでしもうた」という言葉がよみがえってきた。はたして、冒険の果てにあるのは「死」なのだろうか……？

そんな心の逡巡を打ち消そうと、僕はそれまで以上にトレーニングと資金作りのアルバイトに励んだ。そうすることで、できるだけ気持ちを強く持とうと努力した。

来年の計画は、レゾリュートからグリスフィヨルドまでの５００km単独徒歩行だ。費用を計算すると、新しい装備品の調達や現地までの飛行機代その他で１５０万円ほど必要だった。資金作りのためにアルバイトを掛け持ちし、休日もなく24時間ぶっ通しで働いた。昼はガソリンスタンドで油まみれになって車を整備し、夜はネクタイを締めて西新宿のホテルでフランス料理をサーブした。新聞社の腕章をつけて選挙の出口調査をしたこともあったし、高速道路の工事現場では急斜面にぶら下がってスコップを振るい、病院へガーゼや包帯を卸すためにバンで都内を走り回った。休みなく働くことも苦にならず、銀行の通帳を開いては毎月増えて行く預金残高を見て一人でニヤニヤしていた。１円も無駄にしないよう、電車はなるべく手前の駅で降りて歩き、財布からお金が出ていくことを極力制限した。ある時、知人から「企画書を持ってテレビや企業を回る方がお金が集まるんじゃないか」と助言されたが、僕が北極に行くのは僕自身のためで誰かのためじゃない。まだ駆け出しだった僕は、他人の金をあてにするのではなく、資金作りから冒険完結まですべてを自分一人の力でまかなうべきと思い、いっさいの売り込みも宣伝もしないと決めていた。もしこの先何年も冒険を続けて、大場さんのようにスケールの大きな冒険をできるようになればやり方も変わっていくかもしれないが、最初から他人のお金をあてにすべきではないと考えていた。

冬には耐寒力をつけようと、外出時も半袖のTシャツ一枚と決めた。真冬の西新宿の高層ビル街をTシャツ一枚で大きな登山用ザックを背負って歩いていると、すれ違いざまに振り返る人も多かった。それが本当に耐寒トレーニングになっていたかどうかは疑問だが、要は気合の問題だった。仕事の合間を縫ってランニングし、腕立て伏せや懸垂などどこでも筋力トレーニングを繰り返した。頭の中は装備や食料のこと、一日に何キロ歩くか、ルートは……と北極のことだけ。時折不安に襲われもしたが、僕はそれを振り払うようにトレーニングと資金作りに突き進んだ。

植村直己さん

年が明けた2002年3月19日、僕は3年連続3度目の北極に出発した。空港までは兄の車で送ってもらい、母と兄の婚約者も僕を見送りに来てくれた。心配するみんなをよそに、これから始まる冒険に、僕は一人で興奮していた。

3月23日にレゾリュートに到着。荷物を宿に置くと、僕はテリーに挨拶に行った。

「テリーさん！　着いたよ！」

「オギタさん！　おかえり！　よく来たわね」

笑顔で出迎えてくれた彼女に、僕は冒険中の定期交信や緊急事態の際の手配などのサポートをお願いししていた。テリー・ジェスダーセンは、1995年に亡くなった夫のベーゼルとともに、70年代からこの地域で世界中の冒険家たちをサポートしてきた「北極冒険の生き字引き」のような人だ。もともとカナダのブリティッシュコロンビア州出身だが、若い頃に、イヌイットの集落に幼稚園のような小さな子供たちのための施設がないことを知り、それなら自分で作ってしまおうとカナダ最北の集落であるグリスフィヨルドまでやって来たのだという。そしてインドから移民してきた船舶機関技師のベーゼルと出会い、結婚した後二人は「High Arctic International」という名の小さなロッジをそこで始めたのであった。やがて二人は、世界中の冒険家たちをサポートするようになっていったのだという。

夫妻がロッジを始めて間もない1975年に、グリーンランドからアラスカまで北極圏1万2000kmの旅の途上でグリスフィヨルドを訪れたのが、植村直己さんだった。テリーは、植村さんがグリスフィヨルドに初めてやってきた時のことをこう話してくれた。

「ある日、ラジオ無線で、グリーンランドからたった一人で犬ゾリでやって来るイヌイットがいるって聞いたのよ。それでビックリしてたら、彼は本当に一人でやって来たの！　村の海岸線にみんなが集まる中、ベーゼルが『ようこそカナダに！　グリーンランダー！』って握手を求めたら、彼は『ノーノーノー！　僕はグリーンランダーじゃないよ！』って英語で答えたのよ。グリーンランドのイヌイットは英語をしゃべらないし、彼が『僕は日本人だよ！』って言い出したからみんなビックリ！　その時のウエムラさんといったら、頬《ほほ》には大きな凍傷ができていて、着ているものも顔つきも本物のイヌイットにしか見えなかったわ」

またテリーはこう語った。

「ウエムラさんは本当に素晴らしい人だった。謙虚で礼儀正しくて、誰とでも分け隔てなく付き合う姿勢を持っている人だった。私たちは今まで素晴らしい冒険家をたくさん見てきたけど、ウエムラさんはスペシャルね」

　この何年か後、僕は、レゾリュートを離れて故郷のブリティッシュコロンビア州に居を移したテリーの自宅を訪ねたことがある。部屋には、かつて夫のベーゼルが日本の植村さん宅を訪れた際に一緒に撮った写真が飾られていて、二人が談笑する場面を写したその写真だけが、ベーゼルの肖像写真と同じ大きさで壁に掛けられていた。1984年に植村さんがアラスカのマッキンリーで消息を絶った時、僕は6歳だった。僕らの世代は、植村直己という人物をリアルタイムでは見ていないが、植村さんと親交のあったテリーのような人たちからいろいろなエピソードを聞かされる度に、今でもたくさんの人から慕われ、尊敬されている植村直己という人物の偉大さを感じないわけにはいかなかった。


　僕と同じ宿に、数日前から3人のカナダ人たちが滞在していた。彼らは北磁極まで歩く計画らしく、リーダーはクリスティアンという20代後半の若者で、登山経験は豊富らしいが極地は初めてとのことだった。北磁極まで荷物は犬ゾリで引き、人間は荷物を持たずにスキーで歩くという計画らしい。

「前に友達と登山に行った南米でも日本人に会ったけど、彼も一人だった。オギタも一人でレゾリュートに来ているよね？　なんで日本人は一人が好きなんだ？」

「うーん、そう言われても……」

「僕はいつか南極に行きたいんだ。日本は南極に基地を持っているよね？　カナダは持っていないからうらやましいよ。いつか南極にカナダの観測基地を作るのが僕の夢なんだ」

僕よりも一足早く、クリスティアンたちは北磁極目指して出発した。お互いに目標を達成できるよう、がんばろうと言い合って僕らは握手を交わした。

冒険のための準備

今回の僕の目的地であるグリスフィヨルドは、カナダで最も北にある集落で、人口はわずかに150人ほど。1899年から1903年に周辺を探検したノルウェーの著名な探検家オットー・スベルドラップが訪れた際、このあたりにたくさんのセイウチが群れていたのを目撃し、その姿と鳴き声が豚のようだったので、ノルウェー語で「豚《グリス》のフィヨルド」と名づけたのだという。当時は無人だったが、1953年に政府の方針でイヌイットの8家族が、現在のグリスフィヨルドから50㎞ほど離れたクレイグハーバーという場所に移住させられ、さらに3年後にはそこからグリスフィヨルドに集落が移されたのだという。レゾリュートとグリスフィヨルド2村間の冒険は、日本人では植村直己さんが北極圏1万2000㎞の旅の中で通過し、その後は大場満郎さんが歩いている。近年では、極地冒険を志す者が北極点を目指す前の経験作りに歩くことも多いらしい。

冒険前の準備にはいくつかの段階がある。まず最初にやることは寒冷地に体を適応させることだ。南から来たままの体でいきなりマイナス40℃の環境に飛び出せば、確実に体は異変を来《きた》す。なるべく屋外にいる時間を多くし、3日ほど後からはテントを張って屋外で寝るようにする。

体を寒さに慣らすのと同時に、装備品のパッキングや食糧の袋詰め作業に入る。食糧は一食分ごとに重量を計測し、一日の食事で何キロカロリー摂取するかを計算する。僕の冒険食の基本は、一日1kgの食事で5000キロカロリーだ。そこからルートの難易度や期間、気温、ソリの重量などを考慮して、増やしたり減らしたりして調整する。自分でソリを引く北極での冒険では食糧も極力軽くしたいので、用意するのはどうしてもグラムあたりのカロリーが高い脂質が多くなる。バターやラードを大量に摂取するので、胃腸の弱い人には厳しい食事かもしれない。

朝晩はアルファ化米やパスタ、インスタントラーメンなどの炭水化物と、乾燥肉や乾燥野菜、バター、ラードなどをお湯で煮たものをテントの中で食べる。日中のソリを引いている時の行動食は、自作のチョコレートバー（チョコ、ナッツ、ゴマ、油、きなこなどを混ぜて作る）とナッツ類、ドライフルーツ、カロリーメイト、あめ玉などを一日分ごとに小分けにしておく。栄養補助にビタミン剤なども持つ。

食糧のパッキングが終わると、次は装備品の選定だ。何を持っていき、何を持っていかないか。持つ場合はどれだけの量を持つか、この見極めがなかなか難しい。心配だからとあれこれ持ちすぎると、ソリが重くて進めなくなる。ソリを自分で引いて進む冒険スタイルでは、いかに荷物を軽くするかが重要だが、軽量化に走りすぎて持つべきものを持たずに困るのは避けたい。「持たなくてもいい気がするけど、持ったほうが安心かな？」と思うものはたいてい必要のないものだったりする。装備とはもともとリスクを回避するためのものだが、経験の浅いうちは装備品に頼ろうとしがちで、経験を積んで知恵や工夫、事前予測などによってリスクを回避できるようになってくると、余計な装備品が減ってどんどん身軽になってくる。初めての単独行だったこのグリスフィヨルドまでの徒歩行では、今から思えば僕はずいぶんと余計なものを持って歩いていた。

装備は、キャンプ道具など多くが登山用品と共通するが、中には大きく違うものもある。登山ではほとんど使わないが北極で必要不可欠なものと言えば、ジャケットの上着のフードに縫い付ける動物の毛だ。一見するとただの飾りのようだが、顔の周りに毛があるのとないのとでは、極寒の向かい風を進む時に天国と地獄ほどの差が出る。上手に毛を縫い付けて正しく機能させれば、極寒の向かい風でもフェイスマスクがなくて済む。上手な縫い付け方というのは、顔の周りを毛で覆うというより、顔の前に毛が筒状に伸びている状態にすることだ。最も上等とされている毛がイタチ科のクズリで、その次にオオカミやコヨーテといったイヌ科の動物がよく使われる。

グリスフィヨルドへの出発日前夜、僕はジャケットの右腕に、昨年河野さんからもらった「リーチングホーム」のワッペンを縫い付けた。今回の僕の旅は、昨年のレゾリュート滞在中に河野さんの計画を知って決めたものだ。感傷的になったわけじゃないが、僕はなんとなくそうしたかった。僕にとっては初めての単独行だ。いざ村を出てしまえば、あとは無人の海氷が５００㎞続くのみ。死ぬ危険？　どうなったら死ぬんだ？　死ぬって苦しいのか？　ここには、日本では感じることのなかった「死」の影があった。理屈では理解していても、しょせんそれは想像でしかない。普段は

「死」なんて自分には関係ないと思い、明日も今日と同じ一日が約束されていると信じて生きている。でも、それこそが僕の人生の停滞の原因なんじゃないか？　僕は明日じゃなく、今日を生きたい。これから始まる500㎞の冒険は、今日を一生懸命に生きるためのものだ。誰のものでもない、僕自身のための冒険――。

日記より。

「4月7日、出発予定日。しかしタイミング悪く、ブリザードで出発延期。準備はすべて終わっているので、特別やることはない。予報では、このブリザードは明日も続くようだ。気温はマイナス30℃付近を行ったり来たりで、ソリを引いて歩くにはちょうどいい気温。マイナス10℃台だと暑すぎるし、40℃以下は凍傷になる危険が増す」

「4月8日、ブリザード。ということで今日も出発はなし。先に出発したカナダのクリスティアンたちは、今ポラリスマイン（レゾリュートの北にある鉱山）あたりらしい。さすがに速い。一日30～40㎞は進んでいる。僕は緊張感と恐怖感、期待感がゴチャゴチャにミックスされた感じ」

「4月9日、晴れ、無風、マイナス20℃。寒くない。ついに出発の日。朝7時起床、朝食を済ませてパッキングの最終確認、テリーさんといくつか打ち合わせ、ホテルの支払い、部屋の片づけ、なんだかんだで出発時間の11時。テリーさんたちに見送られ、記念写真を撮って出発。最初はゆっくりゆっくりと思いつつ、ついつい足が速くなる。声に出して『ゆっくり』と自分に言いきかす。振り返ると、あっという間にレゾリュートの村が小さくなっていた。島沿いに歩くが、ビーチの方が広くて歩きやすい。途中、古いクマの足跡発見。午後5時過ぎまで歩く。7時、テリーさんに電話。位置と状態を伝えて終了。食事をして寝る。15km進む」

出発後、僕はだんだん小さくなっていくレゾリュートの村を何度も振り返っては「ああ、まだ見える」と確認していた。岬をひとつ回り込むと村は見えなくなり、そうなれば、あとは覚悟を決めて進むだけだ。GPSで位置をチェックし、25万分の1の地図に今日のポイントをマークすると、15kmなんて地図上ではほんの数センチ。地図8枚分に及ぶ距離を想像して、ゴールまでの遠さを実感した。

この年、僕は通信手段として衛星電話を用意していた。それまで極地冒険で使用されていた短波無線機は、重くて設置が面倒、しかも感度も悪かったのだが、衛星電話はそのマイナス面をすべて解決してしまった。ただ、衛星電話はバッテリーの消費が無線よりも激しく、精密機器なので取り扱いには注意が必要だった。

レゾリュートからまっすぐ東へ海岸線に沿って進み、コーンウォリス島を左に見ながら南東端のホッサム岬を目指す。海氷の凍結具合はよく、進行方向右手、南側のランカスター海峡は見渡す限り真っ白な水平線が広がっている。ソリは重いが、気分上々のスタートだった。

ホッキョクグマと接近遭遇

「4月12日、4日目、快晴。マイナス23℃、無風。夕方一時強い北風。ソリの滑りも海氷の状態も最高。ペースが速くて今日は期待できる。左手にコーンウォリス島を見ながらひたすら北上。夕方から突然乱氷が多くなる。氷が平らな沖の方に出ようとしたその時、前方の乱氷の陰に動く黄色いモノが……。ついに来た！　ホッキョクグマだ！　距離にして約70m。こちらを見て匂いを嗅ぐ素振り。この距離で出会うとホントにビビる。しかし、ショットガンを用意している間に姿を見失う。とりあえずクマのいた方向に1発撃つ。そこからなるべく離れたところで今日はキャンプ。もしかしたら今晩ヤツと一戦交えなきゃ？　さて、眠れぬ夜を過ごしますか」

レゾリュートからグリスフィヨルドまでのルートは、どこもかしこもホッキョクグマだらけだ。Polar Bears International というホッキョクグマの生態を調査している専門機関のデータによると、1998年の調査では、レゾリュート周辺の400㎞四方にはおよそ2500頭のホッキョクグマが生息していて、北極圏の中でも有数のホッキョクグマ生息域と言えるらしい。ホッキョクグマは常に移動しながら生活しているので、いつどこに現れるかまったく予測できない。この時も歩いたばかりの新しい足跡を発見し、周囲を見渡すと、乱氷の陰からこちらの様子をジッと窺《うかが》っているヤツがいた。

「うわ、ホントにいやがった！　ショットガンだ！　落ち着け、落ち着け」

そう自分に言い聞かせながら、急いでソリからショットガンを取り出し、震える手で弾丸を4発装填《そうてん》した。顔を上げると、もうクマの姿は見えなくなっていた。おそらく乱氷の陰にでも隠れたのだろう。僕は1発だけ威嚇射撃をして大急ぎでその場を離れたが、逃げている間もしょっちゅう周囲を見回してクマがついてきてないかをチェックした。当然のことながら、ホッキョクグマは戦って勝てる相手ではないので、こちらからクマに出会わない工夫をするのはもちろん、クマにむやみに接近されない工夫も必要になる。ホッキョクグマは匂いに敏感なので、生肉など持って歩くのは自らクマを呼び寄せているようなものだ。ホッキョクグマにも個体差があり、人間に興味津々なクマもいれば、まったく興味を示さないヤツもいる。人間と同じで、大人より若いクマの方が好奇心が旺盛なので、そういうヤツだと安易にこちらに接近してくる傾向がある。

「4月13日、5日目。快晴、マイナス25℃、ほぼ無風。結局ヤツは現れなかった。よかったよかった。テリーさんに報告。朝食を済ませて9時前に出発。太陽は幻日《げんじつ》になって、コーンウォリス島はフォグがかかったようにぼんやりしている。細かい粉雪が舞ってソリのすべりが悪く、ズリズリ引きずる感じで、重い！　昼からフォグも晴れ、日差しも強くなる。ソリのすべりもよくなった。ところどころでポーラーベアの足跡を見かける」

毎日の起床時間は朝6時頃。目覚めると、寝袋から上半身だけ出してまずは素早くコンロに火をつける。朝食は、いつもだいたいインスタントラーメンやパスタに乾燥野菜やソーセージを入れたもの、それとチーズひとかけらである。人間は、毎日規則正しい行動をしていると、体も条件反射で機能するようになる。食事を一口食べただけで、急に排泄したくなってくるのだ。そういう時は、欲求に逆らわず、素早く済ませる。北極では、小はテント内で通称「ピーボトル」というプラスチック製のボトルにしてテントの外に捨てる。ピーボトルは、寝袋の中でも活躍する。行動中は意識的によく水分を摂るため、どうしても寝ている間に尿意を催す。そんな時は暖かい寝袋から出たくはないので、体を横にしたまま手探りでピーボトルを上手く自分のノズルにセットし、寝ながら済ませる。暖かい寝袋の中だと、これがなかなか気持ちいい。終わった後はしっかりとキャップを閉め、約36℃の湯たんぽ代わりに抱いて寝て、朝になったら中身を外に捨てる。間違っても、し終わったボトルを寝袋の外に放置してはいけない。放置するとボトルが完全に凍ってしまい、自分の小をわざわざ溶かしてから捨てるという悲しい作業になってしまう。また大は、天気の悪い時はテント内でスコップに雪をのせ、その上にして外に捨てる。天気がいい時に外でする大は、これまた最高に気持ちいい。目の前に真っ白な水平線、空は真っ青で、動物がするマーキングの気分である。ただ、のんびりしすぎてもやはり寒いので、僕はものの20秒足らずで一連の行為を済ませられる早業を身に付けた。

コーンウォリス島の南東端ホッサムを北に回り込むと、東にあるデボン島との間に挟まれたウェリントン海峡を北上する。コーンウォリス島の切り立った岸壁を左手に見ながらソリを引いていくと、岸壁の上を西から強風が吹きつけるのが雪煙の様子から見て取れた。

ウェリントン海峡にもホッキョクグマの足跡がそこら中にある。よく観察してみると、ほとんどの足跡が北上する僕の進路に対して横方向、つまり、東西に歩いた足跡であることに気づいた。氷の圧力で海氷が持ち上げられてできたプレッシャーリッジ（氷脈）や亀裂は、すべて東西方向に発生している。ウェリントン海峡は南北100kmほどの海峡で、北から南に向かって海流が流れているはずだ。つまり、北からの海流の圧力で東西方向に海氷が割れ、その割れ目に沿って海中のアザラシを探しながらホッキョクグマが歩くため、ホッキョクグマの動きも東西方向になるようだ。それに気づくと、この海峡でのホッキョクグマの動向がひとつ理解でき、歩く時の注意点やキャンプの場所を選ぶ際の参考にもなった。

最初のうちはクマの足跡ひとつひとつにビビっていたが、ここまでくるともうどうでもよくなってくる。というか、だんだん新しい足跡と古いそれの見分けがつくようになってくる。古いものは、それほど気に留めなくていい。それでも、乱氷帯の中や、大きなプレッシャーリッジの近くを歩いている時はどこからクマが現れるかわからないので、いつもソリの上にショットガンを縛り付け、常に撃てる態勢にしておいた。しかしその場合でも、ショットガンの銃口は、必ず後方に向けておかなければならない。弾丸が入っているので、ソリが揺れた拍子に暴発する可能性があるからだ。

「4月17日、晴れ、マイナス25℃。6時起床。前夜に不思議な出来事。夜中の1時頃、目が覚めてお湯を一杯飲み、また寝ようとウトウトした瞬間、いきなりテントがガサッと揺れ、5秒後に再びガサガサッという音。クマだと思って大声で「コラー！」と叫ぶ。寝袋から出てショットガンを持ち、クマ除けスプレーの安全ピンをはずす。テントの入り口から外を覗《のぞ》くが、何もいない。周囲には、クマが姿を隠せるような場所はない。足跡はなかったが、風は弱かったからテントは揺れないはずだ。よく見ると、テントのペグのポールが1本抜け落ちていた。雪が浅かったので抜けやすかったのは事実だが、あのテントの揺れ方はキツネの仕業とは思えない。空に向かって1発ショットガンを撃つ。結局朝まで何事もなかったが、あれはいったい何だったのか？」

この時は本当に焦った。今にして思えば、ホッキョクギツネがテントの張り綱をくわえて引っ張ったのかもしれなかったが、あの瞬間は本当に「オレの人生は終わった」と思った。

東京―京都間の距離をひたすら歩く

翌日からデボン島越えに入る。島に上陸すると、小さな石が散らばる広い洲《す》になった河口から内陸へと進む。夏になればこのあたりの雪が解けて水が流れ出すのだろうが、今は雪に覆われたまま凍りついている。川幅が次第に狭まり、やがて両岸が20mほどに切り立った細い谷となって谷底を上流へ向けて遡《さかのぼ》っていく。何度も地図を見直しながら、遡上《そじょう》する川を間違えないように注意しなくてはいけない。

気温はマイナス25℃だが、緩い谷底をソリを引いて上っていくと暑くて汗をかく。極地特有の乾いたサラサラの雪が足元に吹き溜まり、ソリの抵抗を増してさらに重く感じる。谷を上ると、夏にはきっとやや広い中流のトロ場になるであろうスペースに出た。この地域はなだらかな丘が延々と続き、高い山や急峻な地形に乏しいため、持参している25万分の1の地形図では自分の位置を把握するのが非常に難しい。途中でS字に蛇行した斜面を登っていくと、広い平坦な雪原に出た。どうやらここから島を反対側へ下っていけそうだ。今日はここでキャンプすることにした。

湖から島の反対側へ流れ落ちていく川の先に、クサビ状に陸が切れ込んだヴィクスフィヨルドがある。雪に覆われている川筋を見下ろすと、そのずっと先に岸壁が向かい合っているのが見えた。大昔に氷河が削った特徴的なフィヨルド地形だ。黒々とした左右の岸壁は鋭く切れ落ち、古い地層が幾筋か走っている。川を下ってその先の平坦なフィヨルドの谷底を進んでいくと、やがて陸から海面に出たことを知らせてくれる「タイドクラック」が現れた。タイドクラックとは、海岸線に潮の満ち引きの圧力で発生する海氷の亀裂で、ここからが海だと知らせてくれるサインだ。

ヴィクスフィヨルドの底を北上すると、その先にジョーンズ海峡が広がる。ここをひたすら200㎞ほど東進して行った先の海峡の北岸に、目指すグリスフィヨルドの村があるはずだ。

ヴィクスフィヨルドの少し北に、デボン島から伸びる半島とエルズミア島南西端に挟まれた細く流れの速い海峡がある。二つの島に挟まれたその細い海峡にはヘルズゲート、「地獄の門」という不吉な名前がついている。ヘルズゲートは海の流れが速いために氷が張りにくく、常に海水面が露出していて、このような状態を「ポリニア」と呼ぶ。ヘルズゲートは常にポリニアの出現しているエリアで、近づくのはとても危険だ。海氷が薄いのはもちろんだが、氷の割れ目に出現するアザラシを探してホッキョクグマが集まってくるからだ。ヘルズゲートの南側を遠巻きに通過していく時、ポリニアから上昇した水蒸気が低いところに雲を作る「ウォータースカイ」が発生しているのが見えた。

北緯75度の線に沿って真っすぐジョーンズ海峡を東進する。空はきれいに晴れ渡っているが、地吹雪のような猛烈な強風が海氷面を流れるように吹く。気温こそマイナス20℃ぐらいに上がってきたが、強風が体感温度を下げる。おそらく、太陽で暖められた空気が循環して一時的に起きる強風なのだろう、昼に吹き出した地吹雪も夕方には収まるという日が何日か続いた。

歩き続けて疲労が蓄積してくると、一度休んだ後にまた立ち上がるのがイヤになってきて、ソリに寄りかかったまま目を閉じるとそのまま眠りたくなる。5分ほどウトウトしてからポットに残った紅茶を一杯飲み、「さあ行くか」と吐き出すようにつぶやくと、重い足を引きずってまたソリを引く。どこまで歩こうが、どこでキャンプしようが、僕一人の自由だ。でも「今日はここまででいいや」なんて中途半端な妥協はしたくない。つらいのはイヤだが、中途半端はもっとイヤだ。

「4月25日、晴れ、弱い北風。6時半起床。テリーさんに連絡して現在位置や状況を伝える。クリスティアンたちが途中でピックアップされたという。犬が荷物を牽《ひ》かなくなってしまったとのこと。本人はとても悔しがっているらしい。おそらくバサースト島越えに相当てこずったのだろう。こちらは今日も朝から乱氷越え。どこまで続くんだ、これ？　と思っていると、1時間ほどで通過。その後、度々乱氷に出会うが、それもだんだん小さくなっていく。6時キャンプ。グリスフィヨルドまで122㎞」

この後、ゴールのグリスフィヨルドまで残り100㎞という地点で猛烈なブリザードに遭い、僕は3日間テントから動けなかった。夜半から吹き始めた東風が強さを増し、秒速30mほどの暴風が間断なく吹き続けた。極地のブリザードは、風をさえぎる障害物が何もないため、勢いが弱まることがない。ずっと同じ調子で轟音《ごうおん》とともに白い嵐が吹き荒れ、視界は5mもない。こんなところでテントを飛ばされたら、すぐに死に直結するだろう。テントの風下側に粉雪がどんどん吹き溜まってテントを押し潰しそうになるので、3時間おきくらいに取り除かなければならない。

「おー、簡単に死ねるな、こりゃあ」

ブリザードの中、完全装備で両足を踏ん張りながらテント周りの雪かきをしている時、僕は急に死を身近に感じた。いや、北極であろうと東京のど真ん中であろうと、死はいつも僕たちのすぐそばに存在しているはずだが、日本にいてそれを感じることはあまりない。それどころか今の日本の社会では、死の影をことさら避ける風潮がないだろうか。誰も約束してくれているわけではないのに、当然明日はやって来るものと思ってみんな生きている。僕だってそうだ。人間は、死の匂いに触れた時に初めて、生をリアルな手触りのあるものとして大事に思うことができるのではないだろうか。

ようやくブリザードが収まった3日目の午後から東進を再開。ゴールのグリスフィヨルドまではあと100km、4日あればゴールできるはずだ。4月も下旬になると、北緯75度付近は完全な白夜となる。気温が上昇してマイナスひとケタ台になってくると、マイナス30℃以下に慣れた体には暑くて仕方がない。進路をやや北寄りに進行し、目前に鋭く切り立った岬、サウスケープが迫ってきた。ここまでくれば、目指すグリスフィヨルドはもう目前だ。

「5月1日、晴れ、マイナス8℃。暑い！　白夜になって気温が上がり、寝ていても暑くてしょうがない。太陽がジリジリと熱気を浴びせる。グリスフィヨルドまで残り

50km、サウスケープを回ると、正面に見える山のふもとにグリスフィヨルドの町はあるはずだ。今日はスノーモービルのトレールをたくさん見かけた。ここらはグリスフィヨルドの人がよく通る場所なのだ。4時頃に乱氷を抜けると、先はずーっと平ら。6時すぎにキャンプを張る。GPSでは残り22km。明日のゴールまで、気を抜かずに精一杯ソリを引いていこう」

「5月2日、晴れ。テリーさんに今日ゴールできそうと伝える。9時出発、今日も暖かい。食糧もほぼ空でソリが軽い。ついに今日がラストか。正午、残り10km。双眼鏡でのぞくと、グリスフィヨルドの町がすぐそこに見える。雪質がパサパサして歩きづらい。町はもうそこなのにまどろっこしい。2時頃から、体が飛ばされそうになるほどの北風。それでもどうにか午後3時半、ついにグリスフィヨルド到着！　人がいる！　車が走っている！　家がある！　いろんな人がやってきて、僕が『レゾリュートから歩いて来たんだ！』と言うと、みんな驚いた顔で祝福してくれる。喜びがこみ上げてくる。大声で歌いたい気分だ。明日からはもうクマにおびえなくてもいいし、何より、もう歩かなくていいのがうれしい」

初めての単独徒歩での冒険行は、24日目でのゴールとなった。僕は、約500kmの道のりを一人で歩き切った大きな喜びと、これ以上は歩かなくていいんだという安堵感に満たされていた。

コラム　2002年500㎞徒歩行を振り返って

3年連続、3度目の北極行となった2002年の単独行。グリスフィヨルドを目指した500㎞の道のりは、今でも場面ごとの風景をハッキリと思い出すことができる。レゾリュートを出発する時、恐怖心と期待感が心の中をぐるぐる回っていた。小さくなっていくレゾリュートの村を振り返り、まだ見えるな、まだ見えるな、そう何度も確認していた。やがて村の姿も見えなくなると、これから始まる冒険への期待感が不安を打ち消し、もう振り返ることはなかった。

たった一人で村を離れ、周囲数百キロに誰も存在しない。人生で初めて体験するその環境を、私は楽しんでいたように思う。それは、若く無知であることによる「怖いもの知らず」でもあった。その後、極地経験を重ねて「怖さ」を知ると、怖いもの知らずの思い切りのよさを持つことは難しくなる。そのような意味で、今の自分からはこの当時の自分をうらやましく思う。

その一方で、手前味噌だが、やはり私には極地冒険が向いていたんだろうな、とも感じる。

当時の日記を見返し、私が何を書いていたかを読むとよくわかる。例えば、空は晴れ渡っているのに、なぜこの地吹雪が吹いているのか？　ということに対して、自分なりの仮説を立ててその原因をつかもうとしている。自然現象とは、イコール物理現象だ。風がなぜ吹くか、氷がなぜ動くか、すべてに物理的な作用がある。それを推測し、今後の予測を立てることは、極地冒険において自分の身を守ることになる。

誰に教えられるわけでもなく、環境に身をおくことで自分なりに考える姿勢を持っているとは、今の自分から見れば大した新人だな、と感じるのだ。

章の途中に植村直己さんへの言及がある。植村さんをお世話したテリーさんには、私も大変お世話になった。この翌年も私はレゾリュートを訪れ、テリーさんのお宅に泊めてもらいお世話になったのだが、その2003年に彼女は長く住んだレゾリュートを離れ、故郷であるブリティッシュコロンビア州に居を移した。私が泊まっていた3月は家の片付けの真っ最中で、宿とガイド業を長く営んできた彼女の家からは、古い記録がたくさん出てくる。書棚を整理していると、植村直己さんから送られてきた本と、そこに挟んであった直筆のお礼の手紙を見つけて私は興奮した。

テリーさんが夫のベーゼルさんとともに、グリスフィヨルドで最初に世話をした冒険家が、植村直己さんだった。そして、彼女がこの地で最後に世話をしたのが、私になった。お会いしたことのない植村さんと私が、テリーさんを介して繋がったような気がした。

グリスフィヨルドまでの単独行を終え、帰国した後に植村直己さんの『北極圏一万二千キロ』を再読してみると、グリスフィヨルドからレゾリュートまで、私と逆ルートでの犬ゾリによる旅が書かれていた。その描写は、確かに私も見た同じ場所の記述がいくつもあった。そのような経験をその後、何度も重ねていくと、自分の衝動と自己満足から始まった極地冒険が、確かに先人たちと繋がっているのだという実感を覚える。

今の私は、私単体として存在しているわけではない。大場さんとの出会いがあり、大場さんは植村さんに相談に行き、植村さんにも西堀栄三郎さんなど薫陶を受けた先輩がいた。人間の営みは、連綿と繋がるものだ。私はたまたま、極地冒険という流れの最下流部に身を置くことになったに過ぎない。そして、経験を積んでいくというのは、徐々にその流れの上流へと泳ぎ進めていく行為であるとも言える。

いずれ、自分がある程度の上流部に達した時には、大場さんがやってくれたように、自分が若者たちに極地冒険の機会を作るようになるのだろう。そんな思いを最初に抱いたのがいつだったかはもう覚えていないが、心の底ではすでにこの頃には感じていた気がする。

２００２年の単独行は、私にとって大きな飛躍となる挑戦だった。最初の北磁極は、旅に出るきっかけを与えてくれた大きな機会になった。２００１年は初めての一人旅を主体的に行う年。そして、この２００２年のグリスフィヨルドへの単独行を経て、いよいよ「極地冒険」というものに否応なく向き合うことになっていく。

4回目・5回目

出会い

~2003年ケンブリッジベイ~

イヌイットとカリブー狩りに行った時の写真。ケンブリッジベイ

なんにもない、だから

２００2年5月、初めての単独徒歩行のゴールとなったグリスフィヨルドの村の海岸線で、春の日差しに暖められたテントに寝そべりながら、僕は何とも言えない気分でいた。無事にゴールできたという達成感はあったが、それ以上に僕の心を支配していたのは、喪失感だった。この一年、ひたすらグリスフィヨルドまで歩くことだけを考え、アルバイトも体力作りも、時間もお金も、思考も体力もすべてそのためだけに投じてきた。それが終わってしまった。あれ？　終わっちゃった？　そうか、終わったのか……これからどうしよう？　来年は……？

日本に帰ってくると、またまたアルバイトの日々を続けた。ガソリンスタンド、リゾートホテル、日雇いの肉体労働、パチンコ台の解体……。もうその時には、僕は来年また北極へ行くことを考えていた。でも、心の隅には不安もあった。自分の将来はどうなるんだ？　こんな生活を繰り返しててていいのか？　未来に何の保証もなく、結婚も無理かもしれない。同世代の友人たちはみんな就職したり、結婚して家庭を持ったりしている。はたして、こんな自分にも人並みの幸せな暮らしが得られるのだろうか……と。しかし僕は、最終的にそれら全部を「まあ、なんとかなるだろう」で片付けた。本当になんとかなると思っていたし、僕は自分が全力を投じられると思う仕事にはまだ出会っていなかった。就職して安定を望むのも悪くないが、何か自分が打ち込める仕事なり生き方が見つかっていれば、いつでもそちらへ方向転換はできていたはずだ。この頃、僕はノートにこんなことを書いている。

「北極には何もない。風景だって、毎日同じ空と氷の繰り返し。歩いている間は毎日クマにおびえ、熟睡もできない。しかしその分、本能を目覚めさせ、判断力、洞察力、行動力をフルに活用する。毎日ただひたすら歩き、テントを張って、飯を食い、寝て、起きて、また歩く。単調な毎日だが、生きているという実感がある。だから僕は北極に行く」

僕は、今をたしかに生きているという手触りを感じたかったのだと思う。そんな渇望感を満たしてくれる存在が、今の僕にとっては北極だった。身の丈よりほんの少し、一歩でも半歩でも背伸びしようとする行動を冒険というのであれば、僕は自分がどこまでできるか試してみたかった。身の丈をほんの少しずつ伸ばしていって、いつか誰も手の届かない高さに触れてみたいと思っていた。そして、きっと自分にはできるという、相変わらず根拠のない自信だけはあった。

グリスフィヨルドまで歩いた翌2003年、僕は、4年連続4度目となる北極への旅に出た。今回の目的は、レゾリュートからケンブリッジベイまでの１０００㎞を踏破することだ。歩く距離を昨年の倍にすることで、自分にとってのステップアップにもなるだろうと考えた。半年のアルバイトで１５０万円を貯めると、大量の荷物とともに成田空港を一人で出発した。

３月８日にレゾリュートに到着、この年はいつもとやや様相が異なっていて、レゾリュート沖の海がまったく結氷せず、地元のイヌイットも狩りに出られずみんな困っているといっていた。

「前にもこんなことあった？」

「うーん、ずっと昔に同じようなことがあったけど、いつだったかな？」

イヌイットの友人に尋ねると、１９８０年代にも一度同じような状況になったらしい。レゾリュートから南のケンブリッジベイまでは、沖の氷が張らなくては歩くことができない。僕は、氷の状況に関する情報を得るため、カナダ環境省がレゾリュートに設置している気象台を訪ねた。

気象台には、ウェインという、いつもいたずらっ子のような笑顔とジョークを欠かさない身長１９０㎝近い大男が一人で常駐している。出身はカナダの都市部らしいが、カナダ環境省の職員としてレゾリュートの気象台に勤めてもう20年、イヌイットの奥さんとこのレゾリュートに定住している。彼はここで長年にわたり、極地にやってくる多くの冒険家たちに気象や海氷に関してのアドバイスを行ってきたという。

「日本のエクスプローラーは、みんな謙虚で礼儀正しいジェントルマンばかりだ」

そう言って笑う彼は、北極圏の気象や海氷に関しては世界で有数のエキスパートだ。

「極地の気象について知りたいなら、オタワ（カナダ環境省）に訊くより僕に連絡した方が早いよ。オタワに訊いても、どうせ僕に連絡が来て、僕の答えをそのまま返すだけだからね。ハッハーー！」

真面目さと自由奔放さを併せ持つ彼は、いつも一風変わった行動を取るため、海外の冒険家たちの間では「クレイジー・ウェザーマン」として通っていた。ある時、雪でハンドルを取られた車がスピンして路肩に衝突、フロントガラスをヒビだらけにして僕の前に現れたこともあった。なんでもジョークで笑い飛ばすウェインだが、こと気象に関してだけは、真面目な顔つきになって真剣に話す。そのウェインは、今年の海氷は近年にない異常事態だと言い、彼の口から繰り返し「climate change」つまり「気候変動」というキーワードが出てきていた。

「昔と今の北極海は別物だよ。アンビリーバブルだ。今の北極の海氷は薄すぎて流動的すぎる。ほら、これを見ろ。１９８７年の北極海の海氷は厚さ10m以上の所もあって、それがゆっくりと北極海を回遊していた。でも、現在ではそんな厚さのある氷はほとんどなくなっている」

ウェインはいつも「これは人に見せちゃいけないよ」と言いながら、専門家しか見ることのできない海氷データを僕に見せてくれる。今年のレゾリュート沖の海氷に関しては、今からでは十分には成長しないだろうと言い、今年はレゾリュートからケンブリッジベイまで歩くのは無理だという見解だった。氷が薄すぎて、そこを行くのはあまりにもリスキーだと言う。

僕は、ごく最近狩りに出かけたという現地のイヌイットに実際の結氷状況を尋ねたが、誰もが口を揃えて「海が凍ってないから沖には出られないよ」と言った。僕は、ウェインのアドバイスやイヌイットからの情報を考慮した結果、今年はケンブリッジベイまで歩くのは不可能と判断し、飛行機でケンブリッジベイまで移動し、その周辺をトレーニングがてらソリを引いて歩く計画に変更した。

ケンブリッジベイ

ケンブリッジベイに行くことにはしたものの、ではどこに泊まろうか？　宿が数軒あるのは知っているが……と考えているうちに思い出したのが、昨年歩く前にレゾリュートで会った国立公園のパークレンジャーの男だった。たしかダグという名前だった。ものは試しと、電話帳で番号を調べて彼に電話をしてみた。

「ハロー、ダグかい？」

「そうだけど、君は？」

「オギタっていうんだけど、去年レゾリュートにいた日本人だよ。グリスフィヨルドまで歩いたんだけど、覚えてる？」

「オー、君か！　どうしたんだい？」

「今レゾリュートに来てるんだけど、今年は氷の状況が悪いから、ケンブリッジベイに移動しようと思ってるんだ。それで、君のところに泊めてもらえないかな？」

「オッケーだよ、大歓迎さ！　次のフライトだな、わかった。空港に迎えに行くから！」


ケンブリッジベイへの飛行機を待つ間、海岸線で犬ゾリを準備しているイヌイットを見かけた。僕が「狩りに行くの？」と尋ねると、「スポーツハンターのガイドに出るんだ」という返事。デイビッドと名乗った彼は、くわえ煙草で犬のロープを手繰り、真っ黒に日焼けした顔に深く刻まれたシワが、歴戦の強者《つわもの》といった雰囲気である。

「スポーツハンターって、何を獲《と》るの?」

尋ねると、デイビッドは「ポーラーベア(ホッキョクグマ)だ」と答えた。カナダではホッキョクグマの狩猟頭数は厳しく規制されており、村ごとにその年に狩猟できる頭数が定められている。イヌイットでも自由に狩りをできる動物ではないが、ここでは趣味で狩猟を行う白人たちに「スポーツハンター」としてホッキョクグマを狩猟できる権利を与えているらしい。というのは、村が自分のところに割り当てられた制限頭数の中から、スポーツハンターたちに狩猟の権利を金で売っているのだ。レゾリュートでは、年間36頭の狩猟制限頭数のうち数頭分をスポーツハンター向けに販売している。それはべつに違法ではなく、今では一種の制度として成り立っている。僕は、デイビッドがガイドする76歳のアメリカ人ハンターの男性と宿で会った。

「私は60歳までシカゴで医者をやっていたが、リタイア後は世界中で好きなスポーツハントをしているんだ。ホッキョクグマは、6年前にも一度経験がある」

「ホッキョクグマを獲るためには、いくらかかるの?」

一番興味のあるところを僕は尋ねてみた。

「今回は7万5000ドル(約750万円。当時のレート1米ドル=100円で換算)だよ」

それには、狩猟のライセンス料からイヌイットへ支払うガイド代、獲ったホッキョクグマを毛皮に加工して自宅へ届けるまでのいっさいの費用が含まれているという。イヌイットにとって狩猟ガイドは貴重な現金収入源で、他に産業のないこの土地ではひとつの立派な仕事なのだ。ほんの数十年前までは「貨幣経済」とも無縁で、自然に寄り添って生きてきたイヌイットも、現在では都市から流入する大量の物資に囲まれ、通信販売ならどこが得かと比べるような生活になってきている。現金がないと、生きられなくなっているのだ。イヌイットには、極北のハンターとしてのプライドは持ちながらも、狩猟に出るためのスノーモービルのガソリン代の工面に苦労している人も少なくない。

4月3日、レゾリュートから定期便の小型飛行機でケンブリッジベイに到着すると、空港にはダグが僕を迎えに来てくれた。スノーモービルの後ろに繋げた木組みのソリに僕の荷物を載せ、早速ダグの家に向かう。大都会から見ればどちらも辺鄙《へんぴ》な村には違いないが、人口200人のレゾリュートから人口1000人を超えるケンブリッジベイにやって来ると、その町の大きさに驚く。

「僕の家は、ケンブリッジベイで一番小さいぞ」

到着したダグの家の屋根の上には、カリブー（トナカイ）のツノがズラリと並べられ、家の前にはジャコウウシの骨や皮、ホッキョクギツネの白い毛皮などが吊るされていた。周囲はどこも現代的な家が立ち並んでいるが、この小さな家の様相だけが際立っている。ダグは白人だが、なぜかこの家が一番イヌイットっぽい。家の中には、8畳くらいのスペースに古びたソファーとテーブルが一つずつと、奥には古い大きなオーブンが置いてあった。壁には大きな世界地図とカナダ北極圏の地図が貼られており、中で最も目を引いたのが、北極の自然や探検に関係した大量の本と写真集だった。棚の前に山積みにされた探検記などはどれも古そうな本ばかりで、「北西航路」「バフィン島」「グリーンランド」などとジャンルごとに仕分けされた棚はちょっとした図書館のようだった。

ダグは48歳（当時）で、25年ほど前にケンブリッジベイにやって来て以来、ずっとここで一人暮らしをしているという。小さなコンテナのような家は、50年ほど前にケンブリッジベイの町ができた頃に使われていた通称「マッチボックス（マッチ箱）」と呼ばれた小屋で、その辺に放置されていたものをダグが10ドルで買い取り、それを自分で改造したものらしい。ダグは、とにかく極地の自然やイヌイットの文化が大好きで、イヌイットの老人から伝統的なカヤックの作り方を教えてもらったり、今ではほとんど語られることのないイヌイットの古い民話を直接録音したりしている。他にも家の中には不思議な物がたくさん置いてあり、こっちが尋ねる前に自らいろいろと説明してくれる。

「ほら、見てくれ。これは、昔のイヌイットの集落で見つけた古いライフルの薬莢《やっきょう》だよ。素材はニッケルなんだけど、ニッケル製の薬莢が使われていたのは１９２０年代だ。この本によると、ケンブリッジベイ周辺のイヌイットがライフルを使い始めたのが１９２０年代らしいから、これはイヌイットがライフルを使い始めたごく初期の薬莢なんだ。すごいだろ？」

「こっちはカリブーの大腿骨《だいたいこつ》で、昔のイヌイットはこれで動物の皮の裏に付いた脂肪を削《そ》ぎ取っていたんだ。こうやって、ほら、ちょうどスプーンみたいな形だろ？　それからこの黒い羽毛の束、何だかわかるかい？　これはキングアイダーダックの胸の羽毛なんだ。ここから２００㎞くらい南のクイーンモードバードサンクチュアリに行くと、夏の繁殖期に移動して来たキングアイダーダックが自分の胸の羽毛を嘴《くちばし》でちぎって巣を作り、そこで卵を温めるんだ。ちょっと触ってみてよ、スゴイ温かいだろ！　あそこにはこんなのがたくさん落ちてるから、それを拾い集めて枕を作ったんだ。ぜいたくだろ？　世界最高の羽毛でできた枕さ！」

まるで子供のような目で一生懸命説明してくれる。ダグは夏になると、北のエルズミア島にある国立公園をパトロールするパークレンジャーとして出かけていき、こっちに帰ってくるととくに仕事はせず、ときどき狩りに出かけたりして気ままに過ごしているらしい。パークレンジャーの仕事と、たまにホッキョクギツネの毛皮を売って得るお金があれば、ここでの生活には困らないと言う。しかも、お金の大半は本の購入や狩りのために使うらしい。家の中には、彼が自分で捕ったライチョウが数羽転がっていて、それが今夜の夕食だという。家の外には、これまた自分で釣ってきたアークティックチャー（ホッキョクオオイワナ）が軒先で冷凍保存されていて、それをノコギリで3㎝ほどの厚さの輪切りにし、フライパンでライスと一緒にバターソテーする。ライチョウは手で羽根をむしって皮を剝《は》ぎ、内臓を取り除いて胸肉を鍋で塩茹《しおゆ》でにする。いたって簡単な料理だが、これぞ極地、といった食事でもある。

「僕には妻もいないし、家にはテレビもない。水道もないから、夏は湖に水を汲みに行き、冬は氷の塊を溶かさないといけない。人はいろいろ言うけど、僕はこの生活が好きなんだ」

そう話しながらダグは「去年、君と撮った写真があるよ」と、昨年僕がグリスフィヨルドへ出発する時の写真を見せてくれた。

翌日、ダグにケンブリッジベイを案内してもらう。ケンブリッジベイは、イヌイット語で「イカルクトゥティアク」と呼ばれる。「魚がたくさん獲れる場所」という意味だ。村には大きなスーパーマーケットが2軒あり、ケンタッキー・フライドチキンとピザハットの看板がかかっていたのにはビックリした。去年新しくできたという学校も立派で、図書館やイヌイットの歴史を紹介するブースも併設され、誰でも自由に使えるパソコンが10台ほどずらりと並んでいる。大きな体育館もあり、別の建物には屋内アイスホッケー場やカーリング用のリンクもあるという。病院も役所も、みんな立派だ。

「ここには犬ゾリのチームはないの？」

「やっている人はいるけど、狩猟用というより趣味だね」

ダグに質問すると、そういう返事だった。

１９２０年代、ケンブリッジベイには白人がイヌイットから毛皮を買い取るための交易所が設置された。その後、１９５０年代初頭からＤＥＷ《デュー》ラインの建設が始まると、それに伴って町も発展した歴史がある。ＤＥＷラインとは、Distant Early Warning Line＝「遠距離早期警戒線」の略で、米ソ冷戦時、ソ連から北極海を越えて最短ルートでやってくる爆撃機を北米大陸の入り口でいち早く察知するため、概ね北緯69度線に沿って西はアラスカ北岸から東はグリーンランド東海岸まで東西約1万㎞にわたって、およそ100〜200㎞ごとにアメリカ軍が建設したレーダー基地のことである。ケンブリッジベイにはこのあたりで最も規模の大きいレーダー基地が建設され、そこに集められた労働者たちがやがてイヌイットにも現金収入をもたらすことになった。町での生活もある程度政府が補償してくれたため、次第に人口も増えていった。

植村直己さんは、北極圏1万2000㎞の旅の途中の1975年にケンブリッジベイで夏を過ごしたが、町から離れて住む当時のイヌイットの老夫婦の暮らしぶりをこう書いている。

《狩りをしているのは、白人の下で働くことを好まず、英語もできない老人たちで、アンダーソンベイイのオホッカヌアもその一人といっていい。(中略)オホッカヌアもエッコも、ケンブリッジベイに住めば、家、水、燃料、食糧(彼らの好む生肉ではないが)は政府が保証してくれるのだが、二人は敢えて文明を拒否して自給自足の生活を送っている。(中略)彼らは決して文明を否定したり嫌悪したりしているわけではない。彼らとて、バケツで川から飲み水を運んだり、雪フクロウの脂肪からとった油でコッダ(ランプ)をつけたり、アザラシの脂肪でストーブをたくよりは、スイッチひとつで電気が点き、水が出る生活の方が快適なことは百も承知している。しかし、

その文明とともにやって来た外来者に、どうしても順応できず、追われるように町を出てしまったのだ》
今ではもう、この老夫婦のように、町から離れて昔ながらの暮らしを続けるイヌイットもいなくなってしまった。

ケンブリッジベイ周辺には、ジャコウウシやカリブー、ホッキョクウサギといった野生動物がたくさん生息している。4月6日から2週間の予定で歩き始めた僕は、ソリを引きながらケンブリッジベイから北東方向へ20㎞ほど離れたマウントペリーという高さ200mほどの小山を目指した。イヌイットの言葉で「オヴァヨック」と呼ばれるその丘は、巨人が倒れてできたという古い伝説があり、周囲にたくさんある池や湖はその巨人の足跡なのだという。きっと昔のイヌイットは、細長く伸びるオヴァヨックの丘を人が寝ている姿のように感じたのだろう。その北にある別の二つの丘は、一つは巨人の妻、もう一つはその子供であるらしかった。オヴァヨックの北側から南東へ伸びるロングレイクという名の細長い湖の上を進むと、途中でホッキョクウサギの集団やライチョウの姿を見かけた。
歩き出して6日目、20頭ほどのジャコウウシの群れと遭遇。僕がソリを外してゆっくりと接近していくと、大人のジャコウウシが体の小さな子供を守るために密集し、頭を外側に向けた半円形の防御態勢をとる。ひたすらジッと30分ほど待っていると、警戒を解いたウシたちがまた足元の雪を掘り返してエサを探し始めた。僕はまたゆっくりと接近し、3時間ほどかけて20mくらいまで近づいた。ジャコウウシが雪面を掘る音や荒々しい鼻息が聞こえ、ライチョウたちがエサを求めてウシの足元を歩き回っていた。このあたりは、夏になると対岸の北米大陸本土からたくさんのカリブーも移動してくるらしい。僕は、それを実際に自分の目で見てみたいと思った。動物たちは夏はどんな生活をしているのだろう。僕が今見ているこの景色は、夏はどう変化するのだろうか。北極圏の夏は太陽の沈まない白夜の季節、きっと雪に覆われた季節とはまた違った世界があることだろう。

世界的冒険家マイク・ホーン

2週間ぶりにケンブリッジベイに戻ってくると、ちょうどこの町に今、一人の有名な冒険家がやって来ているという話を聞いた。その冒険家は、東に400kmほど離れたジョアヘブンという村から一人で歩いてここに到着したのだという。翌日、僕がスーパーマーケットに出かけると、偶然その冒険家と思《おぼ》しき人物を見つけた。日焼けした顔とややこけた頬、モジャモジャのあご髭《ひげ》をたくわえた白人男性だった。

「こんにちは。僕は日本人でオギタっていいます。あなたがジョアヘブンから歩いてきたエクスプローラーですか？」

僕が話しかけると、その男性は右手を差し出して握手を求めてきた。

「ああ、そうだよ。私はマイク・ホーン。君もエクスペディションで来ているのかい？」

「はい。それでちょっと話を聞かせてほしいんですけど、後でホテルに伺ってもいいですか？」

「おお、いいぞ。コープのホテルに泊まってるから、そうだな、2時間後に来てくれ」

僕よりやや背の低い細身の人物だが、全体に常人とは違うオーラをまとっていた。2時間後にホテルに行くと、彼は他に誰も宿泊者のいない広いダイニングルームで装備のメンテナンスを行っていた。

マイク・ホーンは、南アフリカ出身の著名なプロの冒険家で、当時37歳。現在はスイスに彼のマネージャーを務める妻、二人の娘とともに暮らしているという。彼のスポンサーは誰もが知る世界的一流企業ばかりで、冒険家になる前、彼は10年間スイス軍の特殊部隊に所属していたらしい。冒険家になってからは、赤道上を辿って地球を一周する冒険をしたりして、今は北極圏（北緯66度33分の線上）沿いに西回りで地球を一周している最中だと言っていた。昨年の秋にノルウェーからヨットで出発して北大西洋を横断し、グリーンランド東海岸に到着。グリーンランドの内陸氷床を徒歩とセールスキーで横断した後、反対側の西海岸からヨットでカナダ北極圏へと渡った。12月に完全結氷前の極夜の中を一人で歩き始め、村々を経てつい最近ケンブリッジベイに着いたところだと言った。この後は北米大陸北岸を歩いて進み、アラスカを通過してベーリング海峡をシーカヤックで渡り、広大なシベリアを横断して出発地点のノルウェーに来年11月に戻る計画だという。僕は、その話を聞いて正直ビビった。僕とは、冒険のレベルがケタ違い過ぎた。

彼がしてくれた話の中で最も印象に残ったのが、極夜で一日中太陽の昇らない真っ暗闇の中で起きた出来事だった。マイナス50℃近い寒さが続いたある日、テント内で使っていたガソリンコンロの燃料が切れたことに気づいた彼は、ソリから燃料ボトルを持ってテント内に戻ってきた。そして、ボトルを交換しようとキャップを開けた瞬間、コンロに残っていた種火に気化したガソリンが引火し、テント内は一瞬のうちに火に包まれてしまったのだという。彼はその事故でテントと寝袋を焼失してしまうが、そこは最も近い村まで200kmもある場所だった。彼は、とりあえず燃え残ったものの中から使えるものを集めると、スノーソー（ノコギリ）でイグルー（イヌイットが作る雪のブロックを積んだドーム状の家）を作り、通信機で要請した救助隊が来るまでそこで耐え忍んだのだという。しかし彼のすごいところは、そこで計画を中止せず、装備を整え直した後に同じ地点から数日後に再び歩き始めたことだ。その精神力と生命力。僕は、これが世界の最先端にいる冒険家なのだと思った。心の底から誰かを「すごい」と思ったのは、この時が人生で初めてだった。僕は、彼に少しでも近づきたいと思った。

4月22日、僕は留守中のダグにお礼の手紙を書き、100ドル紙幣を一枚テーブルの上に置くと、日本へ帰るために空港へ向かった。当初の目的は果たせなかったが、僕は何か新しい北極の姿を見たような気がした。ソリを引いて歩くだけの場所ではない、もっと広い北極があることを知った。

白夜の北極と、ジャパニーズモニュメント

4月下旬に帰国したものの、日本に着いた途端、僕は夏の北極圏を見てみたい欲求がモクモクと湧いてきて、どうにも我慢できなくなってしまった。あのジャコウウシ

たちは、夏はどんな暮らしをしているんだろう？　風景はどう変化しているんだ？　そう考え出すと、子供の頃から一度執着すると実際にやってみるまで気がすまない性分が発揮され、僕は2ヵ月間夢中で働くと、7月、往復航空券だけを手に、何の予定も決めずにザック一つで再び日本を飛び出した。

7月14日、僕はこの年2度目となる夏のケンブリッジベイにいた。そこは3ヵ月前の光景とは様変わりしていて、周囲からは雪も消え、空は広く、海は青々と波を立てていた。気温は14℃。すでに白夜の季節で、太陽は一日中沈むことなく、時間がゆっくりと流れ、空気は穏やかさに満ちていた。

3日目、ツンドラでキャンプしながらジャコウウシの観察でもしようと、僕は1週間分の食料をスーパーで買って村を出た。僕は、車がやっと1台通れるくらいの砂利をならした道を、春にも歩いた北東の丘オヴァヨックを目指して歩き出した。

夏のツンドラの大地は、雪に覆われた冬とはまったく違う世界だった。大小さまざまの湖沼が入り乱れるように点在し、川には水が流れ、地面には高山植物によく似た背の低い草花が這うようにたくさん自生していた。池や湖では無数の渡り鳥がのんびり子育てをしている。夏の時期、北のツンドラは多くの渡り鳥が子供を産み育てる場所なのだ。そこら中からコハクチョウやカナダヅルの甲高い鳴き声が聞こえてくる。シロハラトウゾクカモメの巣にうっかり近づいてしまった僕の頭スレスレを、親鳥が威嚇しながら凄い勢いで飛んでいった。なだらかな地形が延々と広がり、小高い丘からはあちこちにジャコウウシの姿を見ることができた。すべての動物たちが、24時間降り注いでいる白夜の太陽光を体に浴び、短い夏の間に食べられるだけ食べて冬に備えようとしていた。僕はオヴァヨックのふもとの大きな湖のほとりにテントを立て、明日からはここを拠点に好きに歩き回って、写真を撮ったり動物の観察をしようと考えていた。

しかし翌朝、目覚めると空にはどんよりと重い雲が広がっていて、午前中は小雨が降った。僕はしばらくテントの中で寝て過ごし、午後に雨が上がったのを見計らってテントを出た。

ジャコウウシの群れは、冬は10〜20頭ほどで行動しているが、夏はそれが5〜6頭になり、中には1頭だけで歩き回っているものもいた。冬は警戒心が強く、なかなか接近させてくれなかったのが、夏はそれが容易で、昼寝をしているところに10mくらいまで近づけた。そこで音を立てずにジッと待つと、やがて目覚めたジャコウウシが立ち上がり、ブルブルッと体を激しく揺すってゆっくり振り返った。ウシは、そこに僕を見つけてビックリしたように顔を引き、もう一度顔を前に突き出すようにジッとこっちを観察する。もしもこの距離で突進されたら、額から伸びる半月状の巨大な角にはじき飛ばされて重傷は間違いないだろう。ジャコウウシの雄は、全力で額をぶつけ合って「決闘」することがあり、ぶつかり合った時の音は数キロ先でも聞こえるらしい。僕は微動だにせず、体を小さくしてジャコウウシを見つめた。こちらに危険はないと判断したのか、ウシはまたのんびりと足元の草を食べ始め、やがてゆっくりとその場を去っていった。

2週間をツンドラで過ごした僕は、帰国前に1ヵ所だけ訪れたい場所があった。それは、集落から西に15㎞ほどのところにある「ジャパニーズモニュメント」と呼ばれる場所だった。

1971年、ケンブリッジベイの沖合で東海大学探検学会の隊員3名が、カナディアンカヌーでの探検中に遭難死した。彼らは、1970年から5ヵ年計画で始まった北極圏調査隊の第2次隊員だった。当時の日本の大学山岳部や探検部は、60年代に盛んだったヒマラヤから、新しい探検フィールドを求めて世界中へ出かけていくようになっていた。日本大学山岳部のグリーンランド横断、早稲田大学探検部のアラスカ遠征などと並び、東海大学はカナダ北極圏を目指していた。事故の後、ケンブリッジベイの住民たちは彼らの死を悼《いた》んで、日本から訪れた関係者らとともに海を見下ろす海岸線に三つの大きな石積みの碑を作った。それがいつからか「ジャパニーズモニュメント」と呼ばれるようになり、現在ではケンブリッジベイの地図にもしっかりと記載されている。僕は、そこは必ず訪れたいと思っていたので、荷物を背負って砂利道を歩きだした。

歩きだしてすぐ、通りかかったピックアップのトラックが僕の横で止まり、中からサングラスをかけた年配の男性が「どこまで行くんだい？」と低い声で尋ねてきた。見ると、前に一度会ったことのあるブッシュパイロットのウィリーだった。ブッシュパイロットとは、辺境を専門に飛ぶパイロットのことで、コンピューター制御のコックピットしか知らないジェット旅客機のパイロットとは違い、彼らは過酷な自然環境下をもっぱら知識と技術と経験を駆使して飛ぶ。彼の質問に僕が、「ジャパニーズモニュメントまで行こうと思ってるんだ」と答えると、ウィリーは一瞬の沈黙の後、「乗りなさい」と僕を助手席に促した。運転しながら彼は、青々とした海を差して「昨日はあそこの沖をタンカーが通って行ったな」とか、「キャンプはどうだった？」などときさくに話しかけてくる。乾いた砂利道が砂ぼこりを巻き上げ、海からの風に流されていった。

20分ほど走ると、「あれがそうだ」と、ウィリーが海岸線を見下ろす小高い丘を指差した。そこには、高さ2mほどに積み上げられた石の碑が三つ立っていた。車を止めて近づくと、一番左の石積みに掛けられた青銅製のプレートには「東海大学カナダ北極圏調査隊　第二次隊遭難者　慰霊碑」とあり、アルファベットで3人の氏名と「LOST JULY 22nd 1971」と記されていた。石の陰にはまた、もうひと回り小さい別のプレートが置かれていて、そこには友人たちが遭難者に送った詩が刻まれていた。

僕はその石積みの前で手を合わせ、写真を撮り、海を眺めた。彼らはカヌーでの探検中に遭難したという。きっと海は冷たかったことだろう。高波でも受けたのだろうか？　彼らが今の自分と同じくらいの年齢だったことを想像すると、何か胸に込み上げるものがあった。30年以上も前、この青々と広がる海に消えていった3人の日本人がいた。穏やかな波が行きつ戻りつする海岸線はどこか優しげだが、それはまた非情な海でもあった。ウィリーは石積みの一部が壊されているのを見つけると、「また子供たちがいたずらしたな。尊敬の念が足りない」と言いながら、落ちていた石をそっと積み直した。僕はウィリーに「ありがとう。町へ戻ろう」と声をかけ、また車に乗り込んだ。

後で知ったことだが、ウィリーは当時東海大学の学生たちを支援していたらしく、彼らのために自分の飛行機を出してやったり、自宅に泊めてあげたりしていたのだった。僕たち旅をする者は、行く先々で必ず誰かのお世話になる。言い方を変えれば、必ず誰かに迷惑をかける。それは人間だけに限らず、野生動物や草花に対してもそうだ。いや、旅に限らず、生きるとはもともとそういうものなのかもしれない。30年前にこの土地を訪れた先輩たちが築いた信頼や友情のおかげで、僕らは今ここにいることができる。誰かの世話になる、頼る、頼られる、迷惑をかける、かけられる……。そういうことを通して、人間関係はできていくのかもしれない。30年間崩れない石積みの碑のように、たとえ何かの理由で崩れても、誰かがまたしっかりと積み上げてくれるのだ。ジャパニーズモニュメントの存在は、僕に旅の何たるかを考えさせてくれた。僕の夏のケンブリッジベイ滞在は、こうして終わった。

コラム　2003年ケンブリッジベイを振り返って

自分の抱えているエネルギーを発散する場所として出会い、主体的に極地冒険を行う場所として訪れていた北極に対して、新しい視座を持ったのが2003年だった。

それ以前は、北極は単なる「冒険のフィールド」としか捉えていなかった。しかし、北極の歴史や野生動物、そこに住む人々に私の目が向き始めた時、私の中に新しい好奇心が生まれた。

好奇心が生まれると、より深く知ってみたくなる。以前は、冒険をするために北極に行くという、北極はあくまでも手段としての存在でしかなかったが、この年を経て「北極に行く」ことが大きな目的に変わったように感じる。

私はこの後もずっと北極にしか通っていない。2017年に南極に行くまで、北極と無関係の海外旅行をしたこともなかった。

すると、多くの人が「それほど北極に魅力があるんだね」ということを私に言う。確かに魅力はある。ただ、魅力があるから通い続けたというよりは、通い続けるうちに魅力に気づいていった、という方が表現として正しい。

北極には、最初から魅力の「匂い」があった。それは、大場さんをテレビで見た時から感じていたのかもしれない。

ケンブリッジベイに住むダグは、その後、私がケンブリッジベイを訪れる度に家に泊めてくれ、たくさんのことを教えてくれる友人になった。彼は、周囲の人たちからは変わり者と思われていたが、本人もそれを承知の上で、そんなことはどこ吹く風とばかりに北極の生活を楽しんでいた。

この数年後、何度目かになるケンブリッジベイを訪れた際、ダグの家は増築されていた。それなりにお金も貯めていたようで、きちんと大工さんの手が入った家は以前よりも住み心地は増したが、前のような混沌とした雰囲気はやや失われて、勝手なものだが寂しい思いがした。それでも「玄関の鍵はここに置いておくから、俺がいない時でも来たらいつでも使っていいぞ」と言われ、実際にダグがレンジャーの仕事で長期不在の際に、家主のいない家を3週間ほど使わせてもらったこともあった。

ブッシュパイロットのウィリーとは、その後は深く交流することはかなわなかった。この2003年、私は何の予定も決めず、航空券だけを手にして夏のケンブリッジベイを訪れた。この時は、ダグがレンジャーの仕事で不在にしており、来ることも直前に決めたのでダグに連絡できておらず、泊まるところがなかった。それでも、夏なのでテントがあればどうにでもなるだろうと、到着すると私は空港の隅にある倉庫の裏にテントを張り、当面の寝床にしていた。

そんな私にある日、声をかけてきたのがウィリーだった。当時70歳だったはずだ。「そんなところじゃ落ち着かないだろう。うちのハンガーに入れ」と言う。ハンガーとは、空港の航空機格納庫のこと。テントをたたみ、荷物をバックパックに納めて彼について行くと、彼が経営する航空会社の格納庫に連れて行かれた。きれいに整備された双発のプロペラ機が置かれた格納庫に入ると「ここを好きに使いなさい、コーヒーはここ、トイレはここだ。日本人か？ そうかそうか」と、彼はサングラスの向こうで優しく笑った。

後で知ったことだが、ウィリーは極地のブッシュパイロットとして伝説的な人物だった。医療設備の整わないこの地では、急病人や妊産婦など、緊急を要する搬送を航空機で行う。これまで救った人は数知れず、彼の操縦する航空機内で生まれた子供は6人を数えるという。現在のポーランド（当時はドイツ領）からの移民であるウィリーは、カナダで航空機の操縦を覚え、北極圏各地でパイロットとして働いた。

ケンブリッジベイでパイロットをしながら、自身の航空会社を設立する頃、日本からやってきた東海大学の若者たちと出会った。そして、彼らの遭難事故が起きたのだ。

ウィリーは2007年に亡くなった。2006年秋、2度目にケンブリッジベイを訪れた時、街でウィリーの姿を見ることはなかった。それからさらに数年後、ケンブリッジベイの空港にウィリーを偲ぶ肖像写真が飾られているのを見つけ、私は彼が亡くなったことを知った。

ケンブリッジベイを離れる時にウィリーに挨拶に行き、日本に戻ると伝えると「エドモントンで一泊するのか？」と尋ねられ、私はそうだと答えた。すると彼は「エドモントンで泊まるところはあるのか？　私の会社の名前でホテルを取ってあげるから泊まりなさい。うちに請求が来るから支払いは心配するな」そう言って、帰りの宿まで心配して面倒を見てくれた。

日本に帰ってからお礼の連絡をしたが、結局直接会ってお礼を言うことはかなわなかった。

ウィリーもまた、交わった人生はほんの一瞬であったが、忘れられない人として私の中にいつまでも存在している。

6回目

犬ゾリ2000kmの旅

～2004年グリーンランド～

犬ゾリの犬（ハスキー）たち

「緑の大地」へ

２００４年3月26日、コペンハーゲンはまだ夜が明けたばかり、薄いカーテンの隙間から窓の外をのぞくと、朝5時半の街が薄暗く霞んでいる。シャワーを浴びてから、昨日ホテル近くのマーケットで買ったリンゴを朝食代わりに齧《かじ》り、ホテルをチェックアウトしてＴＡＲＮＢＹ駅へ向かう。切符を買って列車に乗ると、早朝の車内は通勤する人々で混雑していて、僕は大きな登山用ザックを背中に担ぎ、新聞を読む男性やヘッドホンで音楽を聴く若者に混ざりながら空港へと向かった。

昨年の北極行の少し前、僕が新聞で犬ゾリ冒険家の小嶋一男《こじまかずお》さんの記事を見て連絡を取ったことがきっかけとなり、この年僕は小嶋さんとグリーンランド内陸氷床２０００㎞を縦断する予定だった。そのため僕は、一足先に一人でグリーンランド最北の村シオラパルクに入ることになっていた。

コペンハーゲンを飛び立った飛行機が北大西洋を東から西へ横断し、やがて徐々に高度を落としていくと、窓の下に白く広がるグリーンランド氷床が見えてくる。グリーンランド南西部の町カンゲルルススアクで次の中継地イルリサット行きの飛行機に乗り換える。イルリサットまでは1時間ほどだ。旅の準備も兼ねてイルリサットで4泊した後、グリーンランド西海岸を北上するようにウパナビク、カナックを経由してシオラパルクへ向かう。カナックまでは飛行機だが、空港がないシオラパルクまではヘリコプターで移動する。ヘリには僕を入れて乗客が7人。そのうち3人は制服の警察官だった。

カナックを離陸したヘリからは、晴れた空の下に白い氷河が幾筋か見渡せた。岩場の露出した急峻な丘を越えると、やがて海岸線にマッチ箱を並べたような小さな集落、シオラパルクが見えてくる。空き地に砂利をならしただけのヘリポートに着陸すると、その周囲に村人たちが集まってくる。ヘリのエンジンが停止してドアが開くと、冷たい外気とともに村人の熱気も一緒に吹き込んできた。村人たちは、ヘリを降りた僕に握手を求めてきて、僕が機内から荷物を下ろすのを手伝ってくれた。集まってきた子供たちが目を輝かせ、口々に「キナチ（名前は）？」と声をかけてくる。僕が「オギタ」と答えると、「キーナ？」と言う。どうやら「中国人か？」と尋ねているらしい。「ウアガ、ヤパニミウガ（僕は日本人だ）」と僕が憶えたてのイヌイット語で答えると、子供たちは僕がイヌイット語を話せると思ったようで、次々といろいろな質問をしてくる。僕は簡単な挨拶程度しかできなかったので、とりあえず知っている単語だけで成り立たない会話を続けた。

グリーンランドは日本の6倍の面積を持つ「世界最大の島」で、人口は6万人弱。島のほぼ全土を分厚い氷床が覆う氷の塊ともいえる土地である。人が住めるのは沿岸部のわずかに土地の露出した地域だけ。デンマーク領ではあるが、住民の多くを先住民のイヌイットが占め、イヌイットによるグリーンランド自治政府が存在している。公用語はグリーンランド語（イヌイット語）で、英語は都市部以外では通じない。2008年にイヌイットの自治拡大を問う住民投票が全土で実施され、将来的には「グリーンランド独立」も現実味を帯びてきているそうだ。イルリサットなどの比較的大きな町では、携帯電話片手に車を運転するイヌイットもよく見るが、人口70人ほどのシオラパルクはカナダ北極圏の村々とも違って、飛び交う言葉はイヌイット語のみである。子供たちが着ている服も決してきれいとは言えないが、目は爛々《らんらん》と輝いていて、初めての僕に対しても物怖じせずにどんどん話しかけてくる。

土地の大部分が北極圏内にあり、雪と氷に覆われた島がなぜ「グリーンランド」という名前になったのかについては、有名な「赤毛のエリク（Erik the Red）」の話がある。今から1000年以上前の10世紀終わり頃、殺人の罪によりアイスランドから追放されたエリクは、西にあると伝えられていた「グンビョルンの岩礁」を目指して出航した。やがて、現在のグリーンランド東海岸のアンマサリク近くに辿り着いたエリクは、そこから西海岸まで島を広く探検し、ここに移住者を集めて暮らそうと計画した。移住者を募るために一度アイスランドへ戻ったエリクは、人々の興味を惹くために新しい土地を「グリーンランド」と名付け、翌年には大勢の移住者を伴ってグリーンランドへと渡った。この時が、ヨーロッパ人がグリーンランドへ入植した最初の機会だった。当時のグリーンランド沿岸部は今よりも温暖な気候で、実際緑も豊かだったらしい。入植者たちはグリーンランドで農場を作り、現在では見られなくなった作物も栽培していたという。しかし、13世紀頃から寒冷化が進み、先住のイヌイットとの抗争もあったことなどから、入植地は16世紀初頭頃までには姿を消してしまったという。

僕はシオラパルクで、日本からこの地に移住して30年以上になる大島育雄さんの家にお世話になる予定だった。大島さんは、１９７８年に日本大学山岳部ＯＢで結成された遠征隊に参加し、日本人で初めて北極点に到達した隊員の一人だ。今回僕と一緒に旅をする小嶋さんが日大山岳部で、大島さんの先輩にあたるという縁から、僕は大島さんの自宅に泊めていただくことになっていたのだ。

僕が到着した時、大島さんは、カナダから犬ゾリでやってくる小嶋さんと合流するために出かけており、代わりに奥さんのアンナが僕のことを出迎えてくれた。イヌイットである彼女は日本語は解さないので、僕は憶えたてのイヌイット語で自己紹介した。カナダのイヌイットは老人以外はほぼ全員英語を話すが、ここシオラパルクではイヌイット語しか通じない。シオラパルクに到着以来、僕は日本で購入した「西グリーンランド語入門」というマニアックな教則本を片手にイヌイット語の勉強に励んだ。もともとイヌイットは独自の文字を持たず（カナダには近年になって作られたイヌイットの文字がある）、グリーンランド語は英語のアルファベットをイヌイットの発音に当てて表記している。僕はイヌイットの誰かをつかまえては物の名前を片っ端から尋ねて回り、聞こえたとおりの発音をノートに書いていった。村の商店で子供たちに品物の名前を教えてもらい、大島さんの家でも奥さんのアンナに教わっているうち、やがて簡単な会話程度なら交わせるようになっていった。

イヌイットと食生活

大島さんとアンナの間には、28歳になる長女トクを筆頭に1男4女の子供たちがいる。僕が大島さんの家に滞在している時、カナックの高校に通っている娘のアヤが一時的に実家である大島さんの家に里帰りしていた。久しぶりに会う娘のため、アンナは屋外で冷凍保存しておいたアザラシの肉の塊を家の中に持ち込んできて、天井から下げたフックに吊るして解凍を始めた。ある程度解凍が進んだところで、アンナは肉屋が使いそうな大きな肉切りナイフを取り出してきて部位ごとに肉を削ぎ落とし、それを水を張った寸胴《ずんどう》のような大きな鍋の中に大量に並べた。そこに塩を投入して30分ほど火にかけると、茹で上がったアザラシ肉が大皿に盛られてテーブルの上に登場。と、アンナが台所の戸棚から、大島さんの日本の実家から送られてきたという味噌を出してきた。アザラシ肉はカナダで何度も食べていたが、味噌と一緒は僕も初めてだった。

「オギタ、ママット（美味しいよ）」

とアンナが勧めてくれる味噌アザラシ肉を一口食べてみると、脂身を削ぎ落としたアザラシ肉はそれほど臭みもなく、肉はやや硬いがサッパリしていて、味噌の旨味が肉の味とよく合ってなかなかイケる。大皿に盛られたアザラシ肉は僕たち3人では食べきれないほどの量だったが、イヌイットには親戚や友人らが入れ替わり立ち替わり他人の家を訪れてはそこにある食べ物を一緒に食べる習慣があるので、茹でた肉はその日のうちに全部皿から姿を消した。イヌイットの民族性の基本は「分かち合い」だ。その後も大島家では、セイウチ、ウサギ、クジラ、カリブー（トナカイ）など肉中心の北極の味覚が満載だった。ただひとつだけ困ったのは、イヌイットの家では食事の時間が決まっていないことだった。僕たち日本人は、朝食、昼食、夕食というふうに、それぞれだいたい何時頃に食べるかという固定観念のようなものがある。しかし、イヌイットにとっては「お腹がすいたら食べる」ことが食事なので、空腹を感じた誰かが肉を茹でたり米を炊いたりした時に突然始まったりする。もし誰も空腹でなければ、いつまでも食事は始まらない。午後3時に山盛りの肉が食卓に登場したりすると、僕なんかはつい「これは夕食か？　それとも夜はまた別の何かを作るのか？」と考えてしまう。しかし、昔から狩猟生活を続けてきたイヌイットにとっては、食事とは決まった時間ではなく、獲物があった時に食べることなのだ。獲物がなければ何日も食事を我慢せざるを得ない分、食べ物がある時にはとにかく食べる。腹が減ったら食べる、ということなのだと思った。

北極で珍味のひとつと言えば、グリーンランドで「マッタァ」、カナダで「マクタク」と呼ばれるクジラの表皮である。厚さ2㎝くらいの黒い表皮と、その下に付いている白い皮下脂肪を細くスライスし、生でも食べるし、茹でて食べることもある。生だと、白い皮下脂肪はマグロの大トロのように口に入れるとすぐに溶ける味わいで、黒い表皮の部分は固いアワビのようなコリコリとした食感だ。クジラの種類や部位によって固さや味は違うが、僕が好きなのは「ハッピナ」と呼ばれるイッカククジラの尾びれの皮で、比較的柔らかくて味もいい。

もうひとつ北極での珍味中の珍味といえば、グリーンランドのキビヤである。キビヤとは、簡単に言うと、アッパリアス（ヒメウミスズメ）という小型の海鳥を丸ごと発酵させた食べ物で、イヌイットの作り方はこうである。初夏、暖かくなってきたグリーンランドの海岸線に、渡り鳥であるアッパリアスが群れでやってくる。アッパリアスはツバメよりひと回り大きいくらいの鳥で、それを3mほどの棒の先に取り付けた網で空中捕獲する。捕ると、心臓を親指で押しつぶす。捕ってはまた、押しつぶす。そうやって家族総出で数百羽のアッパリアスを捕《つか》まえると、それを、内臓を取り除いて皮下脂肪だけの袋状にしたアザラシの腹の中に隙間なくびっしりと詰め込む。その際、鳥の羽をむしったり、血抜きや内臓を抜き出したりなどの下処理はいっさいしない。そして、アッパリアスでパンパンになったアザラシの袋の口を縛り、その上に大きな石を置いて涼しい野外で数ヵ月間放置すると、袋の中でアッパリアスが自然発酵し、それがキビヤとなるのである。キビヤを初めて見た時の僕の印象は、羽も毛も付いたままの「道ばたで死んでいる鳥」そのものだった。ブルーチーズのような強烈な発酵臭がして、手に持つとヌメッとしている。それを羽と毛をむしって裸にすると、肉は赤黒く変色していて、内臓は発酵が進み……というか、簡単に言えば腐ってドロドロに溶けた肉の塊だ。

食べ方としては、まず鳥の総排出腔（肛門にあたる部分）に口をつけ、ヌメヌメした体を手でギュッと絞るようにして、そこからズルズルズルッと半固形の内臓を一気に吸い出す。正直、最初はかなり気持ち悪い。キビヤのことは植村直己さんの本で読んだことはあったが、さすがに初めて食べる時には勇気が必要だった。

ある日、アンナが屋外から大きなビニール袋を持ち込んできたのを見て、なんだろう？　と思っていると、床に広げた段ボールの上に袋の中身をばら撒《ま》いた。それは、白と黒のツートンカラーの鳥たちで、僕は「うわ！　ついに来たか！」と身構えた。しかしこれはひとつの試練でもある。外部の人間がイヌイットに受け入れられるかどうか、彼らと同じものを食べることで仲間に入れてもらえるかどうかという大事な通過儀礼なのだ。気づくと、家の中にはいつの間にか近所から何人ものイヌイットが集まってきており、大島家はキビヤパーティーの様相を呈していた。食べ物を前にしたイヌイットたちの行動は素早く、床に20羽ほどのキビヤが置かれるや否や、みんな次々に手を伸ばしてどんどん羽をむしり始める。慣れた手つきで丸裸にされた鳥は、見る間にイヌイットの胃袋に収まっていく。僕の前にいたイヌイットの老人が僕に欠けた前歯を見せながら、「ママット（ウマイぞ）」と言ってニッと笑う。それは「どうした？　お前は食わんのか？」という問いかけだ。僕は「お！　ウマそうだな！」と精一杯強がって見せたが、内心では完全にビビっていた。老人に促されてキビヤを囲む輪に加わると、僕は覚悟を決めて羽と毛をむしり始めた。だが、教えられたやり方で内臓を吸い出そうとしても、恐ろしさが先に立ってうまくいかない。仕方なく親指で胸のあたりの肉を削いで口に運ぶと、「あっ。ウマい」が僕の第一印象だった。肉の部分はまるでクリームチーズのようで、思いがけないおいしさに安心して内臓をズルズルすすってみると、血の鉄分臭い苦みはあるが、食感としてはイカの塩辛で、見た目にさえやられなければ味は案外イケた。骨は噛めば噛むほど味が出るし、いつの間にか僕は、手と口を真っ赤にしながら一羽を平らげていた。そして、調子に乗ってついお代わりまでしてしまったが、食べ終わった後の指先はかなり臭い。石けんでよく洗っても、その後2～3日は臭いがとれなかった。

元来イヌイットは肉食文化であった。樹木が生えないような寒冷な土地では野菜の栽培などできるはずもなく、そのためにイヌイットは、体に必要なビタミンや鉄分を動物の内臓を食べることによって補ってきたのだ。イヌイットと狩りに行くと、今でもカリブーなど獲物の解体作業をしながら時折腎臓や肝臓などをつまみ食いするし、昔のルポには、獲った動物の腸をウドンでもすするかのように生で食べていたという記述もある。

犬ゾリを初体験

僕がシオラパルクにやって来たのは、日本の犬ゾリ冒険の第一人者である小嶋一男さんとともに、シオラパルクから東海岸のアンマサリクまでの約2000kmを犬ゾリで縦断するためだ。

グリーンランドの内陸を初めて探検したのは、1878年のデンマークのJ・A・D・イェンセン探検隊だとされる。1883年にスウェーデンのアドルフ・エリック・ノルデンショルドはスキーを多用した探検を行い、極地探検でのスキーの有用性を示した。ノルデンショルドは、ヨーロッパからユーラシア大陸北岸を通過してアジアへ抜ける「北東航路」を初めて通過した者として知られ、この時代の極地探検の権威でもある。ノルデンショルドがグリーンランドから帰国して間もなく、彼のもとを血気にはやった頑健な若者が訪ねてきた。その若者は、ノルデンショルドに自分の探検計画を熱く話し、ノルデンショルドも自身の経験から彼の計画にいろいろ注意を与えたという。装備や食糧計画などについてノルデンショルドと夜遅くまで話し込んだその若者こそ、後に伝説的極地探検家となるフリチョフ・ナンセンだった。ナンセンはその5年後の1888年に、世界初となるグリーンランド内陸氷床横断を成し遂げている。

日本人では、1969年に日本大学山岳部OBで結成された隊が、東海岸から西海岸への約600㎞横断を成功させたという記録がある。その後1978年には、北極点単独到達の成功直後に、植村直己さんがグリーンランド北端から南端までの約2500㎞を犬ゾリで単独走破している。

僕の父より年長の小嶋一男さんはもともと日本大学山岳部の出身で、1969年のグリーンランド遠征にも参加した大ベテラン冒険家だ。小嶋さんはまた、完走すら困難といわれる世界最長距離を走るアラスカの犬ゾリレース「アイディタロッド」に7度出場し、すべて完走を遂げたという犬ゾリの使い手でもある。97年からは、ロシアのバイカル湖を出発して極東シベリアからアラスカ北岸に渡り、カナダ北極圏を通過してグリーンランド内陸氷床を縦断、グリーンランド東海岸でゴールするという、モンゴロイドの足跡を犬ゾリで辿る壮大な旅を開始した。

僕がグリーンランドにやってきたのは、この年にその旅の最終パート、グリーンランド縦断部分で小嶋さんに同行するためだった。僕は今まで徒歩での旅ばかりだったから、犬ゾリへの興味もあったし、グリーンランドというカナダとはまた違う北極の姿を見てみたいとも思っていた。しかし、僕が今回グリーンランドまでやってきた最大の理由は、ベテランの小嶋さんと行動をともにすることだった。僕は、大場さんに冒険の初歩を学んで以降、これまでずっと一人で旅をしてきたが、その多くが自己流のために限界も感じていた。自分に基礎がないことを痛感していたので、大学山岳部で技術を磨き、過酷な犬ゾリレースでの実績もある小嶋さんと旅をすることで、僕は今までにない経験値を得たいと思ったのだ。

4月28日、前日にカナダとの国境付近で合流した小嶋さんと大島さんたちが、間もなくシオラパルクに到着するはずだった。僕たちが準備して待っていると、「イクが帰ってきたぞー!」と誰かが外で叫んだ。「イク」とは大島さんのことだ。急いで外に出てみると、海岸線の東の方から前に大島さん、後ろに小嶋さんの2台のソリが連なって走って来るのが見えた。大島さんのソリは犬を扇状に繋ぎ、小嶋さんのソリは犬を縦長に2頭ずつ繋ぐスタイルだ。村に到着した小嶋さんはよく日焼けしており、やや痩せているが元気そうだ。小嶋さんは、グリスフィヨルドからシオラパルクまで、急峻なエルズミア島の内陸ルート約1000㎞を走破してきたのだった。

「犬にドッグフードを用意して」

到着したばかりの小嶋さんからすかさず指示が飛ぶ。まずは疲れきった犬の世話が最優先だ。僕は、用意しておいたクーラーボックスにドッグフードを入れ、それをぬるま湯でふやかした。そうすることで犬の消化もよくなり、水分補給もできる。さらに、解凍しておいた大きなセイウチの胸肉を細く小さく切って犬たちに与える。犬の食事の世話を終えて家に戻ると、一息ついている小嶋さんに、僕は日本からお土産で持ってきた小嶋さん大好物のウイスキーを手渡した。

「おぉ、ホントに持って来てくれたの？　サンキュー」

小嶋さんはうれしそうに笑うと、さっそくグラスに注いで安着祝いをした。

内陸氷床縦断のスタートは10日後、その間にしっかりと犬に休養と栄養を与えて体力を回復させる必要がある。毎日2回の食事の世話など、出発までは基本的に僕が犬の世話係で、最初は警戒していた犬たちも、毎日世話をしているうちに少しずつ僕に尻尾を振るようになってきた。

犬ゾリには大別すると2種類ある。シオラパルクで使われる犬ゾリは、大きなソリに犬を10～15頭ほど放射状に繋ぐ〝ファン方式〟で、リーダー犬だけをやや長いロープで扇の先頭になるようにして声とムチで操作する。一方、アラスカでよく使用されるソリはやや小型で、一本の長いラインに先頭のリーダー犬から2頭ずつ等間隔で縦に繋ぎ、操作は声のみでムチは使用しない。先頭のリーダー犬をきちんと訓練しておけば、後続の犬はリーダーの後を付いていく。グリーンランド式は広い海氷上を進むのに都合がいいよう横に広がる扇形になり、アラスカ式は山間部の森林を縫って進みやすいよう縦長になったと言われている。犬種も、グリーンランド式はもっぱら狩猟の際に重い荷物も運べる体の大きいグリーンランドハスキーであるのに対し、近年のアラスカ式はおもにレース用に改良されたスピードのある細い体型のアラスカンハスキーだ。自動車に例えるなら、グリーンランド式は生活に密着したパワー重視のダンプカーで、アラスカ式は最先端技術を投入したスピード重視のレースカー。グリーンランドで生活のために犬ゾリを扱う大島さんと、「アイディタロッド」でレースのために技術を磨いてきた小嶋さん、ひと口に犬ゾリと言っても、両者のスタイルはまるで違うものだった。

シオラパルクに到着した大島さんの犬たちは、扇形のロープに繋がれたままみんなで一緒に生活する。食事の時は、乾燥したドッグフードを直接雪の上にバラバラッと撒くと、犬たちは先を争って食べようとする。体の大きい強い犬が食べている間、小さくて弱い犬は隅の方でおこぼれにあずかろうとウロウロするだけ。食事を与えるのはわずか2〜3分の作業で、犬は勝手に雪を食べるから、あえて水を与える必要もないという。一方、レースで鍛えられたアラスカ式の小嶋さんの犬たちは、一頭ずつロープに繋ぎ直し、食事もお湯でふやかしたドッグフードを器で一頭ずつ決まった量を与える。レースの世界で生きてきた小嶋さんのスタイルは、犬の栄養管理をしっかりと一頭ごとに行い、いかに効率よく犬ゾリを走らせるかに特化した方式である。グリーンランド式は、犬の扱いが一見ぞんざいなようだが、人間と共存する移動手段の担い手として効率化を求めた結果なのだろう。

15頭の犬たちといよいよ出発

シオラパルクから、内陸氷床縦断の目的地である東海岸のアンマサリクまでは約2000km、中間で一度飛行機による物資補給を受ける予定だが、それまでの25日間は補給なしで動かなくてはいけない。犬ゾリの旅では、犬の食糧が荷物のうちで最大の重量を占め、犬15頭分のドッグフードとアザラシやセイウチの肉などで合計320kg、それに人間の食糧やキャンプ道具、燃料のガソリンなどを積み込むと、物資の総重量は400kgを超える。犬をできるだけ消耗させせないようにするためには、可能な限り荷物の軽量化が重要だ。物資の量が多いため、犬が引くソリはイヌイットが使用する木組みのソリを使うことにしたが、このソリは大きくて頑丈な分、重量も100kgとかなり重い。そのため、僕たちはもう少し軽いソリの製作を大島さんに依頼し、どうにか80kgほどに収めてもらった。強度の心配はあるものの、氷床上は基本的に平坦な雪原なので大丈夫だろうということだった。また、ソリには風を利用できるようセール（帆）を取り付けられるよう工夫を施した。

5月10日、いよいよ出発の日。すでに白夜の季節となり、犬を走らせるには日中は暖かすぎるので、基本的には夜間の行動になる。1台の大きなソリに15頭の犬、そして小嶋さんと僕。400kgを超える大量の物資は大島さんたちに途中までサポートしてもらい、荷揚げ隊5台のソリに分乗させた。シオラパルクから海岸線に沿って東へ進むと、すぐに鋭く切り立った氷河の末端部に辿り着く。氷河が地面と接する部分がモレーン（氷河堆積層）になっており、そこにシオラパルクのイヌイットが狩りに出かける時に使うルートがある。大島さんの犬ゾリが先導してモレーンをしばらく登っていくと、やがて氷河の谷間から真っ白に凍った海氷が遠くに見渡せる場所に出た。氷河とモレーンの境はあちこち岩が露出しているので、ソリをぶつけてランナーを破損しないよう注意が必要だ。岩にぶつかりそうな時は方向転換させ、時にはダッシュでソリの舳先《へさき》に回り込んで激突を回避する。モレーンを登りきって氷河上に進路をとり、ソリを押しながら歩いていると、突然片足が穴に落ちた。あわてて足を引き抜くと、穴は小さなクレバスになっていた。

「クレバスがあるから、押している時はソリから手を離すなよ！」

小嶋さんから声が飛んだ。氷河の斜面をトラバースし、ダラダラした傾斜を登って平坦な氷床上に出て、初日はそこでキャンプとなった。GPSは標高1130mを示していた。

翌日からは、毎日200〜300mほど高度を上げつつ、50km前後の距離を進んだ。氷床に上がると、そこは本当に何もない世界で、ひたすら平坦な氷原が延々と続き、僕たち以外に生き物の姿はいっさいいない。大島さんたちシオラパルクの荷揚げ隊が5日目に村に帰っていくと、そこから先は僕と小嶋さんの二人だけだ。大量の物資を積んだソリを15頭の犬たちは安定して引いて進めるのだろうか？　不安はあったが、いざ走り出すと、犬たちは見事にソリを引いてみせた。小嶋さんは犬に号令をかけるため常にソリに乗っているが、体重が80kg近い僕は、安定して進んでいる時はソリの横を自力で並走し、雪面状況がよくスピードが上がってきたらソリの後ろに乗って雪面をキックして犬をアシストした。ちょっとした段差などでソリのスピードが落ちれば、ソリを降りて後ろから押す。犬ゾリのスピードは時速7㎞ほどだが、大きな防寒ブーツで足場の悪い雪面を時速7㎞で走って付いていくのはかなりつらい。疲れてソリに乗って休んでいたりすると、「休んでないでキックしろ!」とすかさず小嶋さんから声がかかる。そんな時は僕も「オヤジめ! オレだって疲れてるんだ!」と心の中で叫んでいた。

荷揚げ隊と別れた日は約40㎞を進行した。標高1951m。シオラパルクからここまで6日間休みなく進んできたので、翌日は犬を休ませることにした。小嶋さんはいつも「犬が無事なら我々は助かる。犬がつぶれたら我々も終わりだ」と言っていた。犬ゾリでの行動の中心は犬であり、人間の安全の確保は犬なしでは考えられなかった。

5月のグリーンランド氷床は、日中は気温が上がって雪面が柔らかくなるため、もっぱら行動は夜間になる。夜間の気温はマイナス20℃ほどで、犬が走るにはちょうどいい。寒い方が雪面も固く、ソリのスピードも上がるのだが、問題は、あまりにも風景が単調過ぎることだ。目の前に広がる光景は一面ただ白い氷原と空だけ。犬にしてみれば、真っすぐ走ろうにも目標物がないので、どこに進んでいいのかわからなくなってしまうようだった。時折先頭のリーダー犬が右に行ったり左に行ったり蛇行を繰り返すことがあったが、その度に小嶋さんは「ジー」「ハー」と休みなく声をかけ続けた。アラスカ式の犬ゾリではリーダー犬に声で進路を指示する。右が「ジー」、左が「ハー」である。

「ジーだのハーだの言い過ぎて、もう声が出ないよ」

通常なら、犬たちは目前に見える適当なものを目標物に見立てて進むので、小嶋さんもここまで指示を出すことはないと言う。しかし今回は、先頭のリーダー犬が突然立ち止まったかと思うと、いきなりUターンするなどして僕たちを困らせることもあった。犬は常に人間のことを見ていて、少しでも「お、こっちを見てないな」と思うと、人間を試すようにボイコット騒ぎを起こそうとする。そんな時は小嶋さんはソリを止め、先頭のリーダー犬を力ずくで進行方向に引っぱっていき、自分の命令を守らせようと指示を繰り返した。

犬は、先頭集団の7頭が小嶋さんがアラスカから連れてきたアラスカンハスキーで、後方集団の8頭がシオラパルクで追加したグリーンランドハスキーだった。先頭集団はアラスカ式の犬ゾリに慣れて統制も取れているアスリートチームなのに対し、後方集団は日々を他の犬たちとの闘いの中で生きてきた荒くれ者チームだった。食事の与え方も両者は違っていて、アラスカの犬たちはステンレスの食器に盛られた分を食べる習慣がついているので、一頭ずつ順番に食事を置いていけばそれでよかった。ただ、グリーンランドの連中は日々の食事も闘いで、食器に一頭ずつ盛った食事を目の前に置くと、隣の犬の食器にいきなり顔を突っ込んで他人のものから食べようとする。グリーンランドハスキーのパワーには目を見張るものがあり、休憩時にはソリが動かないようアンカーを雪面に打ち込むのだが、犬たちをラインに繋いだままドッグフードを与えようとした時など、興奮した一頭のグリーンランドハスキーが全力で体を前に預けただけで、４００kg以上あるソリがズズッと動きかけたほどだった。

禁断の蜜の味？

毎日9時間前後の行動を終えると、疲れた体でテントの設置と犬の世話を行うのだが、一番手間と時間を要するのが犬のためのお湯作りだった。グリーンランド式の犬ゾリは、犬にはあえて水を与えず、喉が渇いたら勝手に雪を食べさせておく。しかし、レースに勝つために最高のコンディションと効率を求めるアラスカ式では、犬の水分補給も綿密で、食事と一緒に与えるお湯も毎回頭数分作らなくてはならず、テントにいる時間のほとんどはそのために費やされることになった。ツーバーナーのストーブ2

台をフル稼働させ、お湯でふやかしたドッグフードを2時間ほどかけて与え終わると、ようやく人間の食事の時間だ。しかし、こっちはほんの10分ほどで終わってしまう。

出発してしばらく経った頃から、僕は極度の空腹を覚えるようになり、決められた食事の量ではまったく足りなくなっていた。運動量の多さと、年長の小嶋さんとの二人旅でストレスもあったのだろう。体は見る見る痩せていき、常に疲労感と空腹感に苛《さいな》まれていた。

そんなある日、僕は小嶋さんが緊急用に揃えた装備品の中に禁断の果実を見つけてしまった。それは、赤い容器に牛のイラストが描かれたコンデンスミルクのチューブで、遭難時の「緊急用装備」であるため、通常は手を付けてはいけないものだった。しかし、あまりの疲労感と空腹感の中にあった僕は、見てはいけない物を見てしまったと思いながら、視線はイラストの牛に釘付けだった。

(これ、さすがに食べるわけにはいかないだろうな。でも、ウマそうだなぁ。いやいや、やっぱヤバいだろう。でもウマそうだよなぁ)

逡巡する僕に、イラストの牛がニッコリと微笑みかけてくる。その蠱惑《こわく》的な牛の笑顔に勝てず、僕は横で寝ている小嶋さんに見つからないよう、そっと赤いチューブを手に取った。

（まあ一口だけ、そう、一口だけだ。味見程度にね）

心の中でつぶやきながら、白いキャップを捻《ひね》ると、そっとチューブに口をつけた。左手でギュッと絞ると、コンデンスミルクが口の中いっぱいに広がり、濃厚な甘みが電流のように僕の全身を貫いた。

（ウマい！　ウマすぎる！　ヤバい！　これはヤバいぞ！）

その瞬間、空腹と疲労の極みにいた僕の理性のたががはずれた。寝袋で寝ている小嶋さんを横目でチラチラ気にしつつ、これまでに食べたどんなお菓子よりも甘いコンデンスミルクに、僕は悶絶した。

（もう一口だけ、もう一口だけにしておこう。これ以上は絶対バレちゃうし）

そう言い訳しながら、僕はもう一度チューブをギュッと絞った。今まで溜まっていたストレスや疲労が、瞬間的に浄化されていく感じがした。遭難用の緊急食料に手を付けてしまった罪悪感はあったが、コンデンスミルクがもたらす幸福の方が断然勝っていた。そうやって「一口だけ」と言い訳しているうち、僕はとうとう一本全部空にしてしまった。こうなれば、後は遭難しないよう気をつけるだけだ。もし遭難してこの袋を開けられたら、僕がコンデンスミルクを食べたことがバレてしまう。罪悪感は胸に引っかかっていたが、食べてしまったものは仕方がなかった。

セットした腕時計のアラームで目覚めると、出発前の犬に水分補給を兼ねて軽い食事を与える。犬と人間の食事が終わると、テントをたたんで出発だ。その頃には犬たちの興奮も高まってギャンギャン吠えて飛び跳ね、早く走りたいと訴えてくる。これはソリを引く犬たちの本能なのだ。雪面にアンカーで固定してあるソリに犬のラインを繋ぐと、犬はすぐに引こうとする。

「いいか！　忘れ物ないな！」

ソリに積んだ荷物の上から小嶋さんが声をかけ、僕はソリの後ろに立ってアンカーに手をかける。

「よし、行こう！」

その合図で、僕が雪面のアンカーをグイッと引き抜くと、重いソリが一気に進み出し、一日の行程がスタートする。小嶋さんはソリの上で犬に指示を出し、僕はソリの後ろを走りながら押す。犬ゾリの犬には面白い習性があって、やつらは走り出してから朝のウンコをする。走る前に終わらせとけよ、と人間の僕は思うのだが、走って腸が刺激されることで排泄したくなるのかもしれない。首をラインに繋がれたまま、足をちょこまかと小刻みに動かし、尻を突き出した姿勢で走りながらウンコをする。すると、後ろでソリを押しながら走っている僕の足元に次から次へとウンコが現れてくる。うまくかわそうとするのだが、毎日必ず一つや二つは踏みつける。一日の行動が終わると、ブーツの裏にこびりついた凍った犬のウンコをナイフでほじくり出すのが僕の日課になった。

標高2400mまで上がると、日々の進行距離は40～50㎞になった。相変わらず風景の変化もなく、ただ延々と白く平坦な氷床を進行していく日々だ。4～5日に一度は休養日を設け、犬を休ませ、ソリの修理や犬のハーネスを縫う作業などに費やした。

5月30日、飛行機による物資補給を受けた。人間も犬たちも疲れきっているため、ここで3日間休養し、とくに犬の体力回復を図ることにした。犬たちにはアザラシやセイウチの肉をたっぷり与え、人間もいつもの乾燥食品とは違う肉汁たっぷりのソーセージやステーキ肉をもらう。缶ビールが感動するほどおいしい。6月にもなると、日中は気温もプラスまで上がり、強い日差しに暖められたテント内は暑くていられないほどだ。燦々《さんさん》と降り注ぐ太陽の下で、人間も犬たちも一緒にのんびりと昼寝をする。

「今頃、日本ではみんな満員電車に揺られて頑張っているのかなぁ。それに引き換え、ここには雪の白と空の青以外いっさい何もない。僕はそこで缶ビールなんか飲んでいる。この世に、これ以上の幸せなど存在するんだろうか……」

人生で最も幸福を感じた瞬間はいつかと尋ねられたら、僕は間違いなく、このグリーンランドで缶ビールを飲んだ瞬間だと答える。

16頭目の犬

幸せな休養期間が終わると、いよいよ後半戦だ。物資を補給したソリの重量はまた重くなっている。気温が上がって足元の雪が柔らかくなり、ソリのスピードも落ちる。期限内にゴールのアンマサリクまで行くには、スピードが遅い分行動時間を長くとらなければならず、僕たちの睡眠時間は毎日3～4時間、時に2時間しか眠れない日もあった。


後半は、犬の前を僕がスキーで先行することにした。犬たちも何も目標物のない所を進むのが厳しく、気温の上昇に伴って悪天候の日が増えてきたことから、僕が先を歩いて犬を付いてこさせようという作戦だ。しかし、視界が悪ければ真っすぐ歩けないのは人間も同じことで、スキーで先行する僕も直進するのが非常に困難だった。自分では真っすぐ歩いているつもりでも、しょっちゅう後ろから小嶋さんの声がかかる。

「おーい！　曲がってるぞー！」

振り返ると、自分でもビックリするほど右に左にと曲がっている。そんな僕に、小嶋さんから「なんで真っすぐ歩けないんだ」と文句が出る。

「右足と左足を同じテンポで出していけば真っすぐ歩けるだろ！　なんでそんなに曲がるんだ！」

最初は我慢していた僕も、次第に語気が荒くなっていく小嶋さんの言葉に、そんな簡単な話じゃないだろ！　と、何度目かにはつい頭にきて口答えした。

「オレだって真っすぐ歩こうとしてるんですよ！　こんなに何も見えないんじゃあ、真っすぐ歩くなんて難しいに決まってるでしょ！」

「わかってるよ！　だったらもっと後ろを確認しながら真っすぐ歩きなさいよ！」

視界の悪さと進行ペースの遅さで、僕たちはお互いにイライラしていた。

6月も中旬になると、夜間の気温も上がって足元の雪はますます固さを失い、ソリは滑りが悪くなってさらにペースが落ちた。おまけに湿気を帯びた大気のせいで雪が降り、それが積もってさらに状況を厳しくする。それでも毎日40㎞を進行するため、犬を消耗させないよう工夫しつつ、行動時間を長くして対応した。途中から風の吹く日が出てきたおかげでセールを張れるようになったが、それでも驚くほどのペース向上とはならない。犬を先導する僕は、標高2700mで毎日40kmをスキーで走り、睡眠時間が3時間という日が続いた。疲労と睡眠不足が極まると、人間は歩きながらでも眠れることを知った。手足はしっかり動いているが、明らかに数秒あるいは数分意識が飛ぶことがあるのだ。

「うわ、オレ歩きながら寝てたわー」

一人だったら、ここまでの無理はできなかっただろう。だが、今の自分は16頭目の犬だという自覚があったので、僕は小嶋さんに命を預けるつもりで割り切っていた。小嶋さんに走れと言われれば走り、止まれと言われれば止まった。それが自分の役割であると思っていた。

犬たちは一頭ずつ性格も異なり、いつも一生懸命マジメにソリを引くヤツもいれば、しょっちゅうこちらを振り返っては「ボク頑張ってますよ」とアピールするヤツもいる。中でもアラスカンハスキーのオセロは、サボり癖のある犬だった。体も他に比べると小さかったが、いつもソリを引くタグラインが緩んでいて、一生懸命引いているようには見えないのにいつもすぐに疲れた様子で休みたがった。時には走りながら倒れるふりをして、〝もうこれ以上走れません！〟と周囲にアピールすることもあった。

小嶋さんは、オセロが倒れてもふりだとわかっているので、あえてソリを止めようとはしない。オセロも、固い雪面をいつまでも引きずられていると痛いので、そのうちヒョコッと立ち上がって普通に走り出したりする。

そんなある日、いつものように走りながら倒れるふりをしたオセロに対し、すぐ後ろにいたグリーンランドハスキーの荒くれ者軍団が怒りを爆発させた。いつもはケンカなどしないのに、倒れて引きずられているオセロにグリーンランドの4頭が一斉に嚙みつき、メチャクチャなタングル(ラインが絡んだ状態)になってしまった。「キャンキャン」というオセロの鳴き声に僕たちはあわててソリを止め、犬たちを急いで引き離す。体の大きなグリーンランドハスキーにあちこち嚙まれたオセロは血を流していたが、幸い足は嚙まれていないので、走るのは大丈夫そうであった。

「お前なあ、自業自得だけど、大丈夫か?」

声をかけると、オセロはしょんぼりした様子でよろよろとソリを引き始めた。

出発から1ヵ月半、アンマサリクの村が近くなってくると、次第に標高も下がっていく。平坦だった氷原が緩やかに下っていき、所によって明らかに巨大なクレバスが隠れていると思われる大きな雪面の窪みも見られるようになってきた。アンマサリクは険しい巨大な氷河の先にあり、そこを犬ゾリ1台で行くのは不可能なことから、僕たちは氷床上でヘリコプターによるピックアップを受けることになっていた。標高2000m近いところから一気に海へと落ち込むエリアには、犬ゾリごと落ちてしまうような巨大なクレバスが潜《ひそ》んでいる可能性もある。

「さっき君が前を歩いている時、後ろからは下半身が見えなくなっていたよ。窪《くぼ》みを下ったんだろうけど、気づいてたか？」

僕は犬の前方100mほどを先行してスキーで歩いていたのだが、小嶋さんは僕の姿が雪面の窪みに隠れたと言う。窪みは、雪の下に隠れた巨大なクレバスのためと思われ、表面の雪が固く凍って橋のようになっている部分だけ、その上を渡れる状態になっていたようだ。

「え？　左の方向が明らかに下っていて、あっちは標高が一気に落ち込んでいるなぁとは思ったんですけど……」

「スキーを脱いだままその辺を歩き回るなよ。クレバスを踏み抜く危険があるから」

平坦な雪面にできる緩やかな段差は、足元を見ながら歩いているとなかなか気づかない。犬ゾリの上から先行する僕を見ていた小嶋さんは、時々僕の姿が隠れることから、いよいよ周囲の氷河のクレバスが危険になってきたことを察知した。

「明日の行程で最終日としよう。その到達地点でヘリのピックアップを要請するぞ」

6月28日、僕たちは最後の前進を開始した。深夜の太陽が地平線ギリギリを転がり、白い氷原を一面オレンジ色に染める。僕たちの作る影は、地平線にまで届くんじゃないかと思うほど長く南に向かって伸びていた。足元の雪は表面がクラストしていて、スキーがよく滑る。南方向には黒い雲、右手西側にも黒く低い雲が見える。僕の後ろには、100mほど離れて小嶋さんと15頭の犬たちが続いていた。10時間ほど行動した午前9時50分——。

「よし、この辺で止まろう」

小嶋さんが声をかけ、そこがこの旅のゴール地点になった。

「ここが僕たちの最終到達地点なんですね」

ゴールといっても、風景もこれまでと変わらず、50日前と同じ白い世界だった。シオラパルクを5月10日に出発して以来、僕たちは2000kmを犬ゾリで走破した。

6月30日、ピックアップのヘリがアンマサリクからやってきた。犬たちをヘリに積み込む前に、狭い機内でケンカなど始めないよう猿ぐつわを用意するが、みんな嫌がってすぐに外してしまう。仕方なく首輪を機内の各所にしっかり結び、犬が動き回らないよう固定した。雪を舞い散らして機体が上昇を始めると、長い時間その上を歩いてきた氷床が、ずっと下に広がる真っ白い大地となった。こんな場所を２００km も走ってきたことが信じられない。50日の間、今日は何km進めるか、犬は無事に走りきれるか、疲れた、眠い、腹減った……と、そんなことばかりだった。この広い広いグリーンランドでほんの点にしか過ぎない犬ゾリ隊。僕はこの旅でどれだけ強くなれたのだろうか。

上空を飛ぶヘリからでもハッキリとわかる巨大なクレバスが口を開けている氷河を飛び越えると、やがて黒々とした海が眼下に広がってくる。遠くに急峻なグリーンランド東海岸の山脈群を見ながらしばらく行くと、やがて地面が露出した大きな島の斜面に、赤や黄色のカラフルな外壁に三角屋根をかぶった特徴的な形の家々が密集しているのが見えてきた。アンマサリクの村だ。海には氷山が浮かび、何隻かの漁船やボートが行き来している。僕たちの乗ったヘリは、村の上空を旋回し、海岸沿いに並ぶコンテナ群に接近してゆっくりと着地した。ヘリを降りると、温かく湿気を帯びた空気が重くまとわりつき、僕の目の前をハエが横切っていった。埃《ほこり》っぽい匂いを感じてふと足元を見ると、そこには黄色や青の小さな花々が乾いた砂地の上に咲いていた。

コラム　2004年グリーンランドを振り返って

単独行ではない旅をしてみよう。そんな思いに後押しされて向かったのがグリーンランドだった。

グリーンランドは、犬ゾリでの氷床縦断という極地冒険への興味と、自然もイヌイットの文化もこれまでと異なる、新たな場所への興味、それが両立した旅だった。

これまでたくさんの極地冒険を重ねてきたが、肉体的にも精神的にも最もキツかったのは、グリーンランド縦断だったかもしれない。

まず何より、空腹感がつらかった。飢餓感と言ったほうが正しいだろう。コンデンスミルクを盗み食いしたのは、今となってはよい思い出だ。そうでもしなければ、やってられなかった。

当時の私は26歳。若く元気な分、代謝が高く身体の燃費も悪かったことだろう。日々痩せていく体と、それに反比例するように増す運動量、減ってゆく睡眠時間。今思い返しても、よくあの長期間を乗り切ったと感じる。

シオラパルクでは、カナダでは失われつつあるイヌイットの文化が、より色濃く残っていることを感じた。カナダとグリーンランドでは、そこに住む人たちは親戚のようなものだ。言語も基本的には同じで、違いは強めの方言のような差である。しかし、カナダでは最北のグリスフィヨルドであっても、狩猟を生活の主体として生きている人はもういないだろう。カナダでは、移動手段はもっぱらスノーモービルで、食料品は南からの空輸に頼っている。時々狩猟に出るが、それは空輸される肉が高く、鮮度も悪い一方で、昔から食べ慣れたアザラシやカリブーを獲りに行ったほうが安く、美味しいからだ。

シオラパルクに行ってみると、そこにはスノーモービルが一台もなく、まだ犬ゾリが現役で使われていた。ここには、狩猟を主体とした生活がまだ生々しく残されていた。

狩猟を主体に生活すると、自然の都合が優先される生活になる。人間の社会生活で重要視される「時間」というのは、人間都合の基準だ。都市生活者は、夜という「時間」になったから夕食を食べようとするが、シオラパルクでは空腹だから食事をしていた。一見当たり前のようなことに、自分は26歳まで無自覚でいたんだなと感じた。

イヌイットと時間の約束をしても、まず守られない。彼らは時間に縛られず、その時々の感情や自然の動きに従っていた。カナダにおいてもそれは顕著であるが、例えば明日一緒にアザラシ狩りに行こうとイヌイットと約束したとする。翌日、決めた時間に行っても相手は寝ている、もしくは家にいない、または酔っ払って話にならない、そんなことが何度もある。まだ若い頃は「約束したのに」と憤慨したものだが、それが立て続くと私もなぜなのかと考える。

そうやってある日気づく。そうか、彼らにとっては、私と交わした「昨日の約束」よりも「今日の気分や天候」が優先すべき要因なんだ、ということを。

昨日の約束は人間の都合だ。しかし、自然は人間の都合を忖度しない。イヌイットが見ているのは、常に今の状況。気分が乗らない、天気が悪い、そのようなことが「昨日の約束」よりも優先される。自然の都合に合わせて生きる。それが自然に向き合う姿勢として正しいのだと知った。

それがわかると、冒険中の自分自身の振る舞いにおいても「人間の都合」を優先することの危うさを感じるようになった。

ずっと後の話になるが、次第に冒険のスケールが大きくなり、北極点や南極点を目標として計画するようになると、必要な資金も桁違いに大きくなる。この頃の費用が一回あたり100万円単位だったものが、1000万円規模になっていく。人から資金を集めるようになった時、最大の「人間の都合」が北極に侵入してくるようになる。人からお金を受け取るというのは、自分の自由と引き換えての対価となることが多い。

その時「日本で交わした過去の約束」と「北極という今この瞬間」のどちらを優先すべきか、冷静に考えればわかることが、わからなくなってしまう過去の実例が多い。私は、河野さんもその一人だったのではないかと感じている。

人間の都合に支配された都市生活から離れ、極地を歩く自分が心がけるべき振る舞いとは何か。冒険において重要なことを、北極に住む人たちは教えてくれた。

7回目・8回目

挫折

～2006年ケンブリッジベイ・2007年1000㎞単独徒歩行～

2007年。出火直後のテント

3年ぶりの挑戦

2004年のグリーンランド縦断の翌年、僕は北極を訪れなかった。それまでの5年間、ただがむしゃらに北極に行くことだけを考えていたので、少し頭と体をクールダウンした方がいいなと感じたからだった。しかし、2006年秋には次回の旅のための偵察と情報収集を兼ねてケンブリッジベイを訪れ、イヌイットの友人と一緒にカリブー狩りに出かけたり、海でアークティックチャーを捕ったりしながら1ヵ月をそこで過ごした。

その半年後、僕はグリーンランドの犬ゾリ縦断以来3年ぶりとなる冒険行の途上にいた。目的は、4年前に海氷状態が悪くて歩けなかったレゾリュートからケンブリッジベイまでの1000km単独徒歩行である。完全な無人地帯の2村間を単独徒歩で通過した記録はまだなく、僕は、誰もやらないならオレがやってやろうと一人で意気込んでいた。

2007年3月20日、僕はレゾリュートを出発。ケンブリッジベイまでの55日間分の物資を積み込んだソリは、重さ110kg。スタート直後は大乱氷帯によくつかまり、歩みが遅い。また、この年はホッキョクグマが異常に多くて、最初の1週間は毎日クマと遭遇した。その度に至近距離でにらみ合い、ライフルの威嚇射撃で追い払わなければならなかった。一歩進むごとに人間世界から遠ざかっていく感じで、ホッキョクグマに就寝中のテントを襲撃されたりしながら、5mの高さに積み重なった巨大な氷のブロックの中をルートを探してさまよい歩く。時速2㎞で地上を尺取り虫のようにゆっくりと、地球の大きさや丸さを体感しながら進む。地上での自分の居場所を常に意識しながら、小さな一歩を重ねてゴールを目指していく。

日記より。

「3月24日、晴れ、ほぼ無風、マイナス31℃。10時出発。今日もいい天気。ラッセル島に向かって西寄りを行くが、新氷の上には雪がなくてキャンプを張れないので、フローエッジに沿って進んだ方がいいと思う。前方に見える黒い点が微妙に動いて、近づくとスッと消えた。アザラシだ。行ってみると、厚さ40㎝くらいの新氷に直径50㎝くらいの穴。晴れて暖かかったから、きっとここで日向《ひなた》ぼっこをしていたのだろう。夕方テントを設置、荷物を中に運び入れてふと見ると、60mくらい先にクマがいるではないか。足を止めてこっちの様子をうかがっている。僕がライフルを撃ち、大声で叫びながら追いかけていくと逃げていった。寝る前にもう一度チェックしないといけない」

「3月26日、晴れ、マイナス38℃。昼頃、かなりハードな乱氷につかまる。1時間で700mしか進んでいない。高さ2～3mはある氷のブロックが散らばっているが、このあたりは海流が交わるところだから、その影響で荒れやすいのだ。ハードな乱氷が終わっても、小さいものがずっと続く。テントを立てようと荷を降ろしていると、今日もまたクマ登場！　しかも30mくらいしか離れていない。若いクマのようで、ライフルで脅かしてもなかなか逃げない。足元にライフルを撃ち込んで雪煙を上げるとビックリしたようだが、それでもなかなか去っていかなかった。今日は11㎞進む」

「4月1日、曇り、北西強風。マイナス32℃。風が強く、テントをたたむのに苦労する。これがアゲインストだったら歩けん。ここ数日間視界が悪く、島影は見えないので太陽の位置と風向きだけで進む。なぜか午前中は体に力が入らず、足元がフラフラした。昼に休んでからはよくなった。20㎞」

「4月5日、快晴、北からの微風で暖かい日。出発直後にクマ発見。子連れの母グマだ。母グマはやせこけていて、おそらく子供を産んで穴から出てきたばかりなのだろう。こちらの様子を気にしているが、距離はまだ離れているので緊迫感はない。母グマは、横たわったまま子どもとジャレている。3時頃から雪が軟らかくなってきてペースダウン。体中汗びっしょりである。2時間ごとに水分と栄養補給。5時半、25㎞突破。疲れたのでここでキャンプ」

「4月11日、快晴、北西強風、マイナス14℃！　5時起床、太陽はまだ出ていない。7時半出発。降った雪がブカブカに積もって軟らかい。とても暖かい日で、休みながら行かないと暑くて体力が続かない。こまめに休憩をとり、ランチも1時間ごとに少しずつ食べる。27㎞」

ちょっとした油断

4月13日、いよいよ旅も全行程の半分、25日を過ぎてすでに500㎞を踏破していた。ゴールまでの日数も計算できるようになり、海氷状態に特別な問題がなければ、あと20〜25日でケンブリッジベイに到達できそうだ。ここ最近は毎日30㎞前後を進んでいるが、少々気が焦っている感もある。今日もグタグタに疲れ、重い足を引きずるようにしてテントを立てた。寝床を設営し、ジャケットやブーツに凍りついた汗を払い落とす。コンロに火を点《つ》け、濡れた衣類や手袋、靴下をテント内に吊るして干す。テント内が暖まってくると、吊るした衣類から濛々《もうもう》と湯気が立ち上ってきた。ポットに残っていた冷めた紅茶をカップにあけると、僕は一気に飲み干した。

お湯を沸かしてアルファ化米を鍋に投入し、バターや乾燥肉、乾燥野菜を入れ、少し煮立ったら火から下ろし、後は余熱で軟らかくなるのを待つ。それにしても頭がかゆい。皮脂が髪の毛にガッチリと絡み付き、指先で頭皮をポリポリとかくと、爪の間にビックリするほど大量の脂や垢《あか》が付いてくる。

慢性的な疲労で体が重いというか、ひとつひとつの作業を面倒に感じ、いかんなと思いながらも集中力に欠けている自分に気づく。夕食を終えて日記を書き、地図に定規を当てて距離を測る。ルートの状況を予想し、ゴールまでの日数の計算をする。食料も燃料もまだ十分残っている。ここまでは極めて順調に来ていた。

使っているコンロの燃料が少なくなっていたので、めんどくさいなーとは思いつつ、僕はソリにガソリンの入ったボトルを取りに行き、それをテント内に持って入ってきた。そして、中身の量を確認しようとキャップを開けた時だった。ガソリンは揮発性が高いため、気化熱で急激に冷やされたボトルにテント内の水蒸気が瞬間的に霜となって付着した。そして僕は、この霜で手を滑らせたのだ。コンロに火が点いているテント内で、ガソリンの入ったボトルを落としてしまった。

事故というのは、ほんの些細なミスから起きる。疲れや集中力の欠如が、当たり前のことをおろそかにさせる。

1秒にも満たない時間だった。しまった！ と思う間もなくボトルからガソリンがこぼれ出し、銀マットの上に薄く広がった。気がつくと、オレンジ色の炎が顔の高さにまで立ち上っていた。

「ヤバい！」

そう叫んで火を消そうとしたが、一度引火したガソリンは簡単には消えない。熱い。とにかく熱い。半分パニックになったまま必死でテントの入り口を開け、落としたボトルとコンロを外に投げ捨てて、僕はテントから飛び出した。そして、脇に突き立ててあったスコップで燃えている火をめがけて雪をかけたが、火はテントの側面に燃え移り、スコップでたたき消そうとしてもなかなか消えなかった。僕は雪を手に持つと、今度は素手で火を消しにかかった。すべてはほんの1分ほどの出来事だったと思う。なんとか火は消すことができた。僕は素足で雪の上に立ち尽くし、火災の跡を呆然と見つめていた。テントには大きな穴があき、干していたジャケットの一部も燃えてしまった。両手に違和感を覚え、軽く握ってみると、なぜかゴム手袋をはめているような感覚がある。見ると、皮膚のかなりの部分が白くなっていて、どうやら僕は両手に火傷《やけど》を負ってしまったようだった。

「何をやってんだオレは！　バカ野郎！」

一気に後悔の念が押し寄せてくる。なんというマヌケなミスをしたものか。ほんの数分前まではすべてが順調に進んでいたのに、一転してこのザマだ。目の前の状況が夢であってほしいと思ったが、しかしこれは現実だった。起きてしまったことは仕方がない。現実は冷静に受け止めるしかないのだ。僕には落ち込んでいる余裕はなかった。

僕がいるのはレゾリュートから５００km、目的地のケンブリッジベイまでも５００kmのちょうど中間地点だ。つまり、近くに僕を助けてくれそうな人など誰もいない場所だ。テントは大きくダメージを受け、４分の１は燃えてしまっている。両手は火傷を負い、まともに握ることもできない。この状態ではもう旅の続行は不可能だ。救助の要請をするしかない。

僕はまず、テントに残っている衣類を身に着けた。干していたジャケットはダメージを受けたが、それ以外はテントの隅に置いていたので無事だった。ダウンジャケットを着て、靴下、ブーツを履く。火傷を負った部分の皮膚が浮いてきたが、これから水膨れになるのか、そうはならずに皮膚が剝《む》けてしまうのか、わからない。どちらにしても指の一本一本を独立させておかないと、浮いた皮膚同士がくっついてしまいそうだったので、薄い化繊の五本指手袋を着用し、その上にフリースのミトンを重ねた。凍傷用の塗り薬があるが、この状態で安易な応急処置をしても大して意味がないと判断した。

僕は焦げ臭いテント内に寝そべり、衛星電話を取り出した。テント内には、夕食後に飲もうと思ってカップに作っておいたインスタントコーヒーがそのまま残っていた。僕は落ち着きを取り戻そうと、カップに入ったそのコーヒーを飲み干した。「コーヒーウマいなぁ」とわざと吐き出すようにつぶやくと、僕は衛星電話の電源を入れ、レゾリュートに連絡をした。

「テント内で火災が起きた。装備にもダメージがある。手を火傷して、これ以上の旅の続行は不可能だ。ピックアップが必要だ」

こちらの状況と位置、天候等を伝えると、今から飛行機を手配してくれるとのこと。しかし、すぐに飛べるかどうかはまだわからないので、30分後に再度連絡することになった。

救助が来るまで、自分の身をどう守るか。今日ピックアップが来なかったらどうするか？　ブリザードになったら、穴があいたテントでは役に立たない。かといって、このあたりの積雪量と雪質ではイグルー状のシェルターは作れそうにない。平坦な海氷上では雪洞も作れない。幸い寝袋やベイパーバリアライナーは問題ないので、最悪の場合は雪に浅い穴を掘り、銀マットを敷いて寝袋ごと埋まり、体の上にソリをひっくり返して凌《しの》ぐしかない。このところ気温も上昇してきているので、下がってもマイナス30℃までだろう。食糧は十分にある。問題はやはり手の火傷だ。手に問題がなければ何日でも凌ぐ自信があるが、今の状態では行動力は半減だ。

極地では、海氷上でも着陸できるようスキーを履いた飛行機が使用される。海氷上への着陸にはいくつかの条件が必要で、まず天候に問題がないこと。滑走路として使用できる乱氷のない３００ｍ以上の平坦な直線が確保できること。パイロットが目視で確認できる明るさと視界があること……などである。現在の天候は晴れで、風も微風だ。テントの周囲を歩いてみると、僕がいるのは乱氷帯を抜けたところで、比較的平坦な海氷上である。歩測してみると３００ｍの直線は確保できそうだったので、僕は装備品のバッグを等間隔に並べて滑走路の目標とした。問題は、太陽光である。すでに午後8時を過ぎ、太陽は水平線に近く、あと1時間で日没のはずだ。レゾリュートからここまでは約５００㎞。飛行機で1時間といったところか。日没後2時間くらいは明るさが残るので、時間的にはギリギリ間に合うかもしれない。

最悪のタイミング

時間が経つにつれ、ますます手の動きが鈍くなってきた。完全に手を握ることができなくなり、第2関節から先しか曲げられない。テントに戻って使えるものと装備品をチェックすると、ダメージは案外小さく、燃えた靴下や手袋はソリに予備があった。

30分が経過。レゾリュートに再び連絡をする。飛行機はまだ手配がつかないとのこと。もしも今日来られず、明日以降天候不順にでもなれば、何日間かここで待機しなければならなくなる可能性もある。飛んで来ても、光量不足で着陸できないかもしれない。その場合は、パイロットが医療品や装備品をドロップオフ（空中投下）してくれるはずだ。しかし、もし最悪自力で撤退することになった場合、動かなくなった手で残り500kmを歩いて行けるだろうか？

15分後、再びレゾリュートに連絡すると、どうにか飛行機の手配ができて現在離陸準備中とのこと。あとは着陸できるかどうかだが、僕は頭を整理してもう一度シミュレーションを繰り返した。万が一ピックアップされなかった時に備え、動かない手でどのように夜を過ごすか。ブリザードが来たらどう凌ぐか。僕が穴の開いたテントの中で考えを巡らせていたその時、左斜め後ろの方から、何かが呼吸するような音が聞こえた。瞬間、僕の全身の毛が逆立ち、左の首筋あたりにゾワゾワした強烈な気配を感じた。

「……来やがった！」

思わず振り返ったが、そこからは外が見えない。間違いない。すぐ近くにホッキョクグマがいる！　僕は、傍らに置いていたライフルを取り、銃口に異物が詰まっていないか確認し、トリガーが作動するかチェックした。しかし手の動きが鈍く、簡単な作業が思うようにできない。

「いつの間にこんな近くまで来た？　この場面でクマが現れるなんて、最悪のタイミングだ！」

僕は、4発の弾丸が入ったマガジンをライフルに装着すると、テントの外に飛び出した。目を凝らして周囲を見渡したが、そこには何もいなかった。おかしい。たしかに呼吸音も聞いたし、クマの気配を感じたのだが……。そう思いながら視線を水平線方向に移した。すると、僕がまさに気配を感じた方角の200mほど先に、クリーム色がかった物体がこちらに向かって歩いてくるのが見えた。

「あんなに遠くにいるのに、なんでオレはクマに気づくことができたんだ？」

僕は、200mも離れているホッキョクグマの気配をテントの中で感じたのだろうか？　呼吸音なんて聞こえるはずのない距離だが、でもたしかにあの時の僕は、左耳と首筋に毛が逆立つような強烈な気配を感じたのだ。

クマは鼻を高く上げ、匂いを嗅ぎながらまっすぐこちらに向かって歩いてくる。焦げ臭さに反応して近寄ってきたのかもしれない。クマは肩を怒《いか》らしたまま、迷わずこちらに接近してくる。こいつは嫌なタイプだ、と僕は直感的に思った。ここまで僕は、2日に1頭のペースでホッキョクグマと遭遇してきたが、このクマはこちらへのアプローチの仕方が他のクマに比べて積極的だった。僕はライフルに弾丸を装填し、銃床を右肩に当てて構えた。左の掌で銃身の下を支え、右手は開いた状態で軽く添える程度にし、人差し指だけをトリガーにかける。クマが50mほどまで近づいたところで、クマの足元をめがけて発砲した。目の前で舞い上がった雪煙に驚いてクマが立ち止まる。僕は同時に大声をあげる。しかしヤツは、鼻を高く上げつつ、なおも近づいてこようとする。僕はもう一度足元に発砲してクマの進路を塞《ふさ》ぐ。さすがに向こうも少し警戒し、足を止める。クマは首を左右に振りながら、時折頭を高く上げてこちらを見つめる。頭を肩の位置より低く下げ、左右の足をややクロスするようにして歩くのは、明らかにこちらに強い興味を示している証拠だ。猫が小鳥を狙って忍び足をする仕草と似ている。

クマはテントから50mほどの距離を保ちながら、ゆっくりと半円を描くようにテントの反対側まで歩いてきた。しきりに鼻を動かして、こちらの様子をうかがう素振りを止めない。しつこいヤツだ。クマの頭上を狙って2発。マガジンを交換して、さらに1発撃つ。ようやくヤツが背を向けたところに、僕はさらに2発追い撃ちをかけた。クマはけだるそうに遠ざかっていこうとするが、途中で何度もこちらを振り返る。もし今日ピックアップされなかったら、ここで夜を越すのは危険だ。あのクマは、こちらに対する興味も強く、僕の追い払い方も中途半端だったので、また接近してくる可能性がある。その時はもう撃ち殺すしかないだろう。それにしても、さっきはなぜあんな遠くにいたホッキョクグマの存在が、テントの中にいた僕にわかったのか。謎だったが、この時の僕の五感は、平常時の何倍も研ぎ澄まされていたのかもしれない。

30分が経過。レゾリュートに再び連絡をする。

「離陸準備が整ったので、今から飛行機が出発する。場所と天候をもう一度教えてくれ」

僕は、現在位置の緯度と経度、天候、雲量、風向き、風速、海氷状態などを伝えた。

「君のいるポジションまでは1時間20分かかる。着陸できなかった場合に備えて必要な物はあるか？」

「テントがあると助かる。食料は十分あるが、手を火傷しているので、応急処置用の医療品があればほしい」

「了解。もし着陸できなかった場合はエマージェンシーキットを投下する。ライトは持っているか？」

「LEDのヘッドランプがある」

「グッド。そのライトを水平線方向に向けて点けておくように。君を発見する目印になる」

「わかった」

「今から出発する、衛星電話の電源はONの状態で待っていてくれ。後で会おう」

「ありがとう」

ついに飛行機がやってくる。僕は、LEDのヘッドランプをスキーのストックにぶら下げてスタンバイした。装備品をまとめ、滑走路の目印も並べた。やがて太陽が西の水平線に没すると、陰影が消え、あたりは薄ぼんやりとした風景に変わった。空には白い半月が輝きを増している。天気はいいが、問題は光量と視界だ。パイロットが目視で着陸できるだけの光量があるかどうか……。

ふと見ると、僕の周りには荒涼とした白い世界が広がっていた。今さらながら、ここが人の立ち入らない氷の世界であることに気づかされる。いくら虚勢を張ろうが、意地を通そうが、ここではそんなことは何の意味もないことだ。ここは、人間の世界ではない。

1時間10分が経過。果たして飛行機はやってくるのか。僕はヘッドランプのスイッチを入れ、点滅させて北の空に向けた。祈るような気持ちで水平線を見つめながら、少し雲が出てきたかな、と思ったその時、水平線上にチラチラと光るライトが一つ見えた。

「来た」

遠くから特徴的な低いエンジン音が聞こえてきた。しかし僕は、救助の飛行機がこちらに向かって飛んでくる間も常に周囲を見回し、ホッキョクグマが近くに来ていないか確認していた。飛行機は僕の頭上を通過する際、左右にバンクを振って僕を発見したという合図をした。2〜3度上空を旋回してから高度を落とすと、極低速で機体底部のライトで雪面状態を入念にチェックし始めた。すでに自然光だけでは雪面状態を判断できなくなっていた。はたして着陸できるのか、それともそのまま飛び去ってしまうのか。飛行機は僕の頭上を何度も旋回しながら、時間をかけて氷の状態を確認した後、ようやく僕が用意した滑走路に北側から進入。飛行機は、機体のスキーを雪面に接地させ、反動で上下に軽くバウンドしながらついに着陸した。僕はパイロットの技術に感心しながら、ホッとして、これで帰れるのかと思って何とも言えない気持ちになった。エンジンが停止し、二人のパイロットが降りてきた。

「来てくれてありがとう、本当に申し訳ない」

「ノープロブレム。手の火傷はどうだ？　どっちの手だ？」

「両方だ。動きが悪いんだ」

「そうか、無事でよかったな。燃えたところ、写真を撮ってもいいか？」

そう言うと、パイロットたちは火災現場をデジタルカメラで撮影した。重苦しくされるより、こうやって軽く扱われた方が、僕にとってはかえって気が楽だった。パイロットに手伝ってもらい、荷物を飛行機に積み込む。

「さあ、家に帰るぞ」

パイロットに声をかけられた僕が飛行機に乗り込むと、エンジンが再始動され、飛行機がゆっくりと氷上を走り出した。

「おい、大きなクマの足跡があるぞ」

パイロットの一人が僕の方を振り向いて声を上げた。飛行機は、雪面を確認するようにUターンすると、そこから一気に加速して機体を宙に持ち上げた。やがて、空高く飛び上がった飛行機の窓の外に、雲の向こうに沈みかけた太陽が再び姿を現した。雲海が斑《まだら》のオレンジ色に染まっている。機内には低いエンジン音が響き、僕の目の前には無惨な装備品の数々があった……。この時、僕は初めて両手に強い痛みを感じた。ピックアップの飛行機を待つ間、僕は何を考えていたのか、今となってはもうよく思い出せない。クマが気がかりで、しょっちゅう周囲を見回していたことは覚えている。飛行機の光が見えた瞬間、うれしかったが、同時に悲しかった。僕の頭には、LEDのヘッドランプを水平線に向け、合図を送っている見えるはずのない自分の後ろ姿が浮かんでいた。

僕は、手の痛みに耐えながら、汚れた窓の向こうに沈んでいく太陽をぼんやりと眺めていた。それ以外、今の僕にできることは何もなかった。心臓の鼓動に合わせて手が疼《うず》く。胸の奥深くに刻まれたこの痛みを、僕は決して忘れることはないだろう。

コラム　2007年1000km単独徒歩行を振り返って

私の長い極地人生の中で、出来事の重要さで言えば2007年の事故を凌《しの》ぐものはない。

なぜあの事故は起きたのか？　その経緯は書いたとおりだが、経験を重ねた今、あの事故を振り返ってみたい。

2000年から北極に通い始め、2007年は8年目。それなりに経験も積み、私には大きな慢心があった。それは「慣れ」という言葉でも表されるだろう。

今の自分から見ればまだまだ甘っちょろい駆け出しでしかないのに、当時の自分には「そろそろ俺もベテランに近づいてきたな」という誤解があった。あの2007年は、準備段階も含め、私の行動のすべてが雑だったと感じている。

持参する装備に関しても、それまでの経験から「まあこれなら大丈夫だろう」と、熟慮せず選んでいた。じつは、レゾリュートを出発した初日の夜にお湯を保温しておくポットに不具合が見つかり、キャンプ地からまだ見えている村まで歩いて戻り、新しい物に交換していた。私の極地冒険歴の中でも、出発後に装備の不具合が発生したのは、後にも先にもこの時だけだった。何かの装備を選択する時に、似たような製品が2つあるとする。それぞれの特性を理解して、なぜAを選ぶのか。同時に、なぜB

を選ばなかったのか。それらを自分自身に対して説明可能にしていく行為が、装備の選択作業である。

今までこれで大丈夫だったから、今回もまあこれでよいだろう。2007年には、そんな理由で選んだ装備が多かった。

極地を歩く日常では、一日の体力を使い切って終えるということはしない。疲労度が8割くらいで行動を切り上げ、テントを張ってキャンプに移る。体力的な余裕は精神的な余裕を生み、それが事故を予防する。しかし、この年は毎日全力を使い切って一日を終えていた。夕方、もう足が一歩も出ないくらいクタクタに疲れ、ソリに寝転んでしばらく休憩してからようやくテント設営に入る、そんな行動を繰り返していた。

単独行では、すべてを自分一人で行う必要がある。テントを設営し、テントが風で飛ばないよう雪面に張り綱を渡してペグで固定する。それを本来はテント周囲6ヵ所で行う必要があるが、体力的精神的に余裕を失うことで、その手間を省こうとする。「今日は風がないから風上の3ヵ所だけでいいだろう」そう自分に言い聞かせて、3ヵ所で済ませてしまう。

実際のところ、風がなければ確かに3ヵ所でなんの問題もない。しかし、ここに潜む問題は3ヵ所か6ヵ所かということではなく、「○○だからいいだろう」を口実にして、手を抜く癖がつくという点にある。

「今日は風がないから」「今日は疲れているから」「3ヵ所をしっかりやったから」「昨日も問題なかったから」そうやって、手を抜く癖がつく。それが万事に波及していくと、行動のひとつひとつが雑になり、いつしか雑な行動が標準になってくる。誰も注意を与えてくれない単独行では、それに気づくことは難しい。

小さな雑な行動の積み重ねの結果として起きたのが、火災の事故だった。テントの中で燃料ボトルを開けるのであれば、燃えているストーブを消してからというのは常識中の常識だ。しかし、その時の私は「ちょっと開けて中身の量を見るだけだからいいだろう」と軽率で、慢心があった。危機管理の基本は、最悪の事態をまず想定することだ。まさかそんなことは起きないだろうと都合のいい予断があり、その気持ちに足をすくわれた。

事故の後、私はとても落ち込んだ。起こした事故の経緯があまりにもお粗末だったことで、自分には極地を歩く資格などない、そう感じて「もうやめようか」としばらくの間は思っていた。

しかし、事故から1年ほど経つと心に悔しさが芽生えてきた。なぜあの事故を起こしてしまったのだろうか？　それを内省するようになり、自分なりに事故を振り返るようになっていた。

極地を歩くことを「もうやめよう」と思っていた時期というのは、自分自身で事故を認められず、目を背けようとしていた時期だった。1年が経ち、ようやく自分のミスと正対することができるようになった時、自分の行動がどれだけ雑で、慢心があったかを実感した。すると、次は自分の犯したミスそのものへの見方が変化した。そうか、もしあの時、火災を起こさず無事にケンブリッジベイにゴールしていたら、自分はいつ、雑な行動とそこから生まれる慢心に気づけたのだろうか。きっと、気づく機会を持たぬまま、次の遠征に出ていたことだろう。そして、そこでさらに大きなミスを犯して、自分は死んでいただろう、そう感じた。

ゴールをするというのは、冒険が成功したということだ。成功したということはうまくいったからであり、雑な行動も慢心も「成功」という事実の中で振り返られることなく肯定されていく。

その大いなる誤解が、取り返しのつかない事故を呼び込む。

自然の中では何が起きるかわからないと、都市に生きる人たちは考えるだろう。しかし、自然の中で何が起きるかは、とてもシンプルで明快だ。じつは、想定外の事態などはほぼ起きることはない。予測不能な自然があるのではなく、技術、知識、経験に基づく予測が足りない未熟な人間がいるだけだ。事故は自然が原因で起きるのではなく、多くの場合、人間の問題として発生する。

そう思えた時に、目を背けたい失敗が、生きた教訓として自分の中で新しい存在に変化した。時を経て、今の自分にとって、あの事故は心の底から「やっておいてよかった」と思えるものになっている。あの事故を経験したからこそ、私は絶対的な注意力と警戒心を身に付けた。

燃えるテントを目の前にして、必死に消火作業を行い、火が消えたテントの前で「やってしまった」と茫然自失に至ったあの瞬間は、きっと死ぬまで忘れないだろう。あんな思いは二度としたくない。

私の心に深く刻まれたあの瞬間の気持ちが、今の私を強くしてくれている。

（ある取材記者との会話・その2）

冒険家の悩み

記者…冒険家っていうと、ポジティブで力強くて、小さな悩みなんて笑って蹴散らしていくようなイメージがありますが、荻田さん自身はご自分をどんな性格だと思ってますか？

荻田…まあ楽観的なほうだと思います。でも、けっこう現実的なことで悩んだりとかもしますよ。

記者…どんなことで悩むんですか？

荻田…そうですねぇ。例えば僕は今30代半ばですけど、周囲にいる僕の友人とか地元の幼なじみなんて、みんなそれなりの職についていて、ある者は中間管理職であったり、起業して社長さんであったりという年齢なんですよね。でも、僕はこれまでいわゆる「就職」というのをしたことはないんです。冒険のための資金作りでアルバイトはたくさんやってきましたけど。だから、自分はずっとこれでいいのか？　なんて人並みに将来のことも考えたりします。年取った時に年金もらえなかったら生活どうし

よう？　とか（笑）

記者…貯金って、あるんですか？（笑）

荻田…全然ないですよ、そんなもの。お金は全部北極に使ってきちゃいましたから。

記者…それって不安じゃないですか？

荻田…めちゃめちゃ不安ですよ！　古今東西、きっと僕みたいなことをやる人間には共通することだと思いますが、冒険から帰ってきた時に、これから仕事や生活をどうしようっていうのはいつもありますね。

記者…冒険は仕事じゃないですもんね。冒険に行ったところで収入になるわけじゃないし。

荻田…真逆です。有り金はたいて行って、帰ってきたら無一文で、さてどうしよう？　って。

記者…ところで、冒険家ってモテますか？

荻田…えー、どうでしょう？　年齢によって違うんじゃないですか。まだ20代で若さと夢と元気にあふれている頃ならいいですが、30代も半ばになると、たぶん女性の見る目も変わってくるんじゃないでしょうか。「この人、生活力なさそうだし、死にそうだからやめとこう」って（笑）。

記者…でも、人とは違う話題ができそうです。

荻田…男性受けはいいんですよねー。居酒屋とかでたまたま男のお客さんと隣り合ったりすると、「お仕事は何ですか？」「あ、一応冒険家です」「え？　冒険家？」「えー、つまり……」なんて、よく質問攻めされたりします。なんでそんなことやってるんだとか、お金はどうしてるんだとか、そんなことずっとしゃべってると相手も面白がってどんどん盛り上がっちゃうんですけどね。でもそれが女性だと、クールで現実的な質問をしてくるんですよ。「死んだら保険下りるんですか？」とか（笑）。

記者…下りるんですか？（笑）

荻田…どうなんですかね。確認しとこうかな。あ、どっちにしろ自分は死んじゃったらもらえないけど（笑）。

記者…〝冒険業界〟っていうのがあるのかどうか知りませんが、冒険家って日本に何人くらいいるんでしょう？

荻田…冒険家と言っても、登山なのか極地なのか海なのか、洞窟に行く人もいるし自転車で旅する人もいる……。何をもって冒険と呼ぶのかの基準にもよりますが、冒険活動が収入に繋がってそれを生活の中心において生きている人、となると少ないでしょうね。おそらく日本に100人もいないでしょうね。

記者…日本には登山家はたくさんいて、ある種の業界として成り立っていますが、荻田さんのように北極に通う人は他にいるんでしょうか？

荻田…山崎哲秀さんっていう犬ゾリをやる方が大阪にいて、毎年のように北極に行っています。ずっと通っている人というと、山崎さんくらいかな。

記者…仲間が少ないっていうことはやりにくいものですか？

荻田…たしかに北極の冒険なんて、日本でやる人を探すほうが難しいですが、海外に目を向ければ結構知り合いもいるし、情報交換もできます。でも、登山の世界を見ていてうらやましいなと思うのは、そこには山岳会とか山岳部とかっていう伝統があって、先輩がいて後輩がいて、善くも悪くも縦の繋がり、横の繋がりでの連帯感ってあると思うんですよね。でも極地の場合は、やる人間の絶対数が少ないので、余計なことを言われないので自由で楽ですけど、組織の持つ力強さがうらやましいと感じることもあります。僕はずっと一人でやってきましたが、一人って、どんなに頑張っても一人分の動きしかできない。

記者…ずっと一人……寂しくないですか？

荻田…寂しさはないですね、恐怖感はありますけど。あえて意識しないというか、感情は常にフラットに保とうとしています。でも、本当は心の中は寂しさと怖さでいっぱいで、常に緊張感に満ちているような気もします。

記者…どういった時に恐怖を感じますか？

荻田…２０１２年に北極点無補給単独に挑戦した時、天候と海氷状態が悪くて途中で引き返してきたんですが、17日間一人で北極海上にいました。期間としては短かったんですが、北極海ってとにかく氷の動きが激しいんですね。この年はとくに動きが激しく、あちこちで氷が軋《きし》んで、ときどきバキッ！　と氷の裂ける音が鳴るんです。寝ててもテントの周囲がグーグーギーギーバキバキ、スゴかったですね。

記者…それは恐ろしいですね。

荻田…怖くて落ち着いていられないんですが、それでも冒険の最中は常に気持ちはフラットなんですね。恐怖心も自分でコントロールしないといけない。海氷上にいると、ホームシックや寂しいという感情もないです。ただ、そこから撤退してチャーター機でピックアップされて村に戻った夜、宿のベッドで寝ているのに、ベッドの縁から手が出た時に「うわ！　氷が割れてる！」って飛び起きましたね。目が覚めても自分がどこにいるのかわからず、しばらくしてから「ああ、もう終わったんだ」って。一晩に3回くらい同じことがあって、それが1週間くらい続きました。

記者…それだけ緊張していたってことですね。

荻田…冒険中で氷の上にいる時は、寝ぼけたり夜中に飛び起きたりとか、そんなことはいっさいないんです。寝る時はしっかり寝て、何かあればすぐスイッチオンできる態勢でいます。眠っていても、ある一定の緊張感を保っている状態だと思いますよ、犬みたいに。寝てるんだけど、ちょっとした物音でパッと起きて臨戦態勢になれる。寝てても無意識に聞き耳を立ててるんですね。でも、ベッドではもう緊張する必要がないのに、まだそれを引きずっていて、混乱するんでしょうね。

記者…冒険中に後悔することってないんですか？

荻田…いつも後悔してますよ（笑）。なんでこんなとこ来ちゃったんだろうとか、もうこんな苦しいこと二度とやらないぞって。でも、またやるんですよね、これが。

働くこととお金の話

記者…これまで北極へ行く資金作りでいろいろな仕事をしたという話でしたが？

荻田…えーと、ガソリンスタンド、荷物の配送、ガードマン、ウェイター、高速道路の建設作業、大工、ホテルマン、交通量調査、カーショップのピット作業、パチンコ台の解体、衆議院選挙の出口調査……、あとなんだっけな、まだまだありますけど、ざっとこんな感じです。

記者…仕事は、北極から帰ってくる度に探すんですか？

荻田…そうですね、日本に帰ってきてしばらくすると、「さーて、来年に向けて金作るぞー!!」ってまた動き出すわけです。

記者…仕事を選ぶ基準は？

荻田…まず給料がいいことが絶対条件ですね。次に面白そうかどうかですね。せっかくやるなら面白いほうがいいですから。

記者…いろいろなことをやると、器用になるんじゃないですか？

荻田…そうですね、こう見えても結構いろいろとできますよ。車の整備からフランス料理のサーブまで（笑）。

記者…今までで面白かった仕事はなんですか？

荻田…西新宿の某ホテルでルームサービスをやっていたことがあって、あんまり詳しいことは言えないですが（笑）、ある有名人の見ちゃいけないものをオレは見たのか？みたいな……。

記者…聞きたいけど聞かないでおきましょう（笑）。冒険に必要なお金はどのくらい貯めるんですか？

荻田…だいたいひと月に25万くらい、半年貯めて150万ですね。

記者…アルバイトだけだと大変ですよね。

荻田…まあ、やってる時には大変だとは思ってなかったですね。二つ三つとアルバイトを掛け持ちして、半年間ほとんど休みなしでしたが、働く理由が明確だったので。どっちかというと、僕は休みたくなかったですよね、逆に。

記者…私なら「半年で必死に150万円貯めて、それを北極で全部使う」前に、「半年で150万円貯めるなんて無理」とあきらめそうです。

荻田…でもまあ、やりたいと思えばこそ「できる方法」を考えるわけじゃないですか。どうすればできるかな、って。だってやりたいんだもん。できるかできないか、の前に、やりたいかやりたくないか、だと思います。やると決めたら、できる方法を考える。

記者…単純明快ですね。でも、それがなかなか難しい。

荻田…やるかやらないかの前にあるのが、望むか望まないか、だと思います。願望が強くて熱意があれば、人は自動的にやるんですよね、行動を起こします。望んで、やる、やれば、できる、かもしれない、ということ（笑）。

記者…今まで北極に使ってきたお金を、何か他のことに使いたいとか思ったことはありますか？

荻田…ないですね。そのお金を貯めていたら今頃高級外車の2～3台は軽く買えていたでしょうが、冒険は今のうちにやりたいですし。

記者…どんな思いがそれを後押ししてくれるんでしょう？

荻田…なんでしょう、僕はそれを探してるのかもしれませんが、湧いてくるものに理由はないかなと思っています。自分の願望とか熱意を押さえつけずに、踏み出せる原動力にする。ま、ただの「根拠のない自信」でしょうか。

記者…根拠のない自信？

荻田…ええ。僕の場合はずっと子供の頃からあったような気もしますが、根拠はないんだけど、なんでもやってみればできるんじゃないかという妙な自信だけはあった。初めて北極に行ったのも、700㎞も歩けるかどうかなんてわからないですよね。でも「まあ、なんとかなるだろう」っていう思いはありました。

記者…経験って、いい方向に作用することもあれば、経験が邪魔になってダイナミックに動けなくなることもありますよね。

荻田…「根拠のない自信」が必要になるのって、やっぱり見知らぬ世界に踏み出す時じゃないでしょうか。見知らぬ世界はやっぱり誰でも怖いですよ。自分はできるんだろうか？　できないんだろうか？　なんて、考えてもわかるわけないですよね。ためらうと、できない理由がどんどん目につき始める。それは恐怖心のせいでもあると思います。それで「やっぱり無理そうだ」って思っちゃう。

記者…自信を持て、と？

荻田…結果がどうなるかはともかく、とにかく知らない世界に踏み出したという行為に意味がある。根拠のない自信、これ最強だと思います。

9回目・10回目

再起

～2008年皆既日食・2010年北磁極単独～

ケンブリッジベイのイヌイットの知り合いと

皆既日食に誘われて

2008年7月、僕は再びケンブリッジベイを訪れた。前年に負った火傷は両手にくっきりと痕が残ったが、幸い身体機能に問題はなかった。僕は、その火傷の痕を自分への戒《いまし》めとした。事故から1年3ヵ月後にこうしてまたケンブリッジベイを訪れたのは、友人のダグに「皆既日食」に誘われたからだった。この年の8月1日の早朝にちょうどケンブリッジベイから日食が始まるらしく、グリーンランド北岸から北極海を通過してロシア、モンゴルに至るまで広い範囲で観測できるのだという。天文好きのダグは、前々から「ケンブリッジベイで皆既日食が見られるなんて、絶対に来た方がいいよ!」と、小さい頃は暇さえあれば望遠鏡を覗いていた同じ元・天文少年の僕を誘ってくれたのだ。

昨年、マヌケなミスから両手に負った火傷は赤い斑として残ったが、あの大失敗で僕はかなり落ち込んだ。何より、犯したミスの単純さに自分で呆《あき》れた。「オレには北極を歩く資格はないな」と本気で思い、いっそのこともう北極はキッパリやめようかと真剣に考えた。就職してまっとうに生きるべきかとも考えたのだが、それを自分が本当に望んでいるとはどうしても思えなかった。

ケンブリッジベイで1年ぶりに再会した友人たちに「火傷は治ったかい?」「また挑戦するんだろ?」と声をかけられるうち、なぜか僕の心に再び冒険心が目覚めてきた。去年の失敗は、自分の慢心と油断のせいだ。失敗を理由に北極をあきらめようなどというのは、言い訳でしかないと思い始めた。

「もちろん! 必ず再挑戦するよ!」

いつしか僕はそう返事をしていた。友人たちからの励ましは、僕にとって大きな力となった。

8月1日早朝、僕はケンブリッジベイの小高い丘の上で、皆既日食の始まりを待っていた。たくさんの人がいて、ちょっとしたお祭り騒ぎだ。日の出直後に皆既日食が始まるため、僕は前夜から一人で丘のふもとにテントを張っていた。太陽が地平線から上がっているはずだが、肝心の太陽は雲に遮られてうっすらとしか見えない。やがて日食が始まると、早朝の明るさが急激に失われ、周囲は見る見る暗闇に包まれていった。小高い丘の上からは、木の生えない平坦なツンドラと地平線を一望できる。月が太陽を完全に覆い隠すと、暗闇の中で突然、地平線方向が真っ赤に染まりだした。南の低い空に、燃えるような線状の真っ赤な光が暗闇の中に煌々《こうこう》と輝いている。その赤い光が次第に厚みを増し、僕の頭上にまで広がってきた。そして、一筋の光が頭の上を通り過ぎたかと思うと、空が一気に昼間の明るさを取り戻した。まさに巨大な影が地表を駆け抜けていったようで、僕は宇宙の大きさを実感し、猛烈な感動を覚えた。ツンドラを見下ろす丘の上で皆既日食を見ながら、またあの身を削るようなギリギリの冒険をしたい、と強く思った。好奇心と冒険心に身を任せ、限界寸前まで自分を追い込むあの弧独の中で、野生に還っていくような自然との一体感。新たな世界を紡ぎだすかのように、地図の上に自分の軌跡を引いてゆく快感。僕は、いつか北極点を目指したいと思いながら歩いてきたはずだ。これまではぼんやりとしていたものが、この時にはっきりしたような気がした。この瞬間から、僕にとっては北極点到達が明確な目標となったのだった。

北極点への前哨戦

そして2010年には、北極点への前哨戦として、僕は北磁極への無補給単独徒歩行を実行した。2000年に初めて大場さんに連れられて歩いた北磁極までの道のりを、10年後に今度は一人で歩いてみようと考えた。それは、僕の冒険の原点となったルートでもある。あの時は全員素人軍団だったし、チームでの行動、2度の物資補給、

4月以降の穏やかな気候という緩い条件だった。しかし、今の自分が北極点を目標にするのであれば、当然途中での物資補給は受けず、時期も3月上旬のまだ寒さが厳しい時期を選ぶことになる。僕は、北極点挑戦を想定した装備や日程を計画し、ソリもあえて通常より重くしてみた。さらに一日分の摂取カロリーを5000キロカロリーから4000キロカロリーに減らし、それでどれだけ動けるものか試してみようと思った。結果的には、僕はこれまでに経験したことのない飢餓感に襲われながらも、37日間で無事に北磁極まで到達することができた。事前に想定した計画と実際の結果とにあまり大きなズレがなかったことから、ある程度の手ごたえを感じることができた。そして、いよいよ僕は、次の大きな目標である「北極点無補給単独徒歩到達」に向けて動き出そうとしていた。

コラム　２００８年皆既日食・２０１０年北磁極単独を振り返って

火災の事故を乗り越え、教訓として消化していくと、再び冒険心が燃え始めていることを私は感じた。

ケンブリッジベイで皆既日食を見ながら「ああ、やっぱり自分はこの世界が好きなんだな」そう強く実感すると、もう一度立ち上がりたいという気持ちが湧いてきた。

事故で自分は一度どん底まで落ちたような気がしていた。よし、もう一度スタートを切るのであれば、次は一番高いところを目指したい、そう思い、次の大きな目標に設定したのが「北極点無補給単独徒歩到達」だった。

北極点を目標に掲げたことで、最大の問題となったのが資金だ。それまでカナダ北極圏を中心に、村と村を繋ぐような徒歩行を行ってきたが、北極点への挑戦は人間の定住圏から遠く離れた環境での行動になる。これまではカナダ国内線を何度か乗り継いでいくことで、日本と現地の往復ができていた。ところが、北極点へのスタートは、完全無人のカナダ最北端の岬からとなる。スタート地点に立つために、レゾリュートから飛行機をチャーターし移動する必要がある。また、北極点到達後、飛行機によるピックアップを受けなければ、北極海から戻ることができない。

北極海での飛行機のチャーターには、一回あたり数百万円単位の費用が必要になる。

北極点無補給単独徒歩には、軽く1000万円を超える費用が必要になる計算だ。

もちろん、私にそんな金はない。数年じっくりと働いて金を貯め、自分で工面するという道もあるだろうが、いよいよスポンサーを募る時期が来たなという思いが私にはあった。

とはいえ、それまでアルバイトで工面した資金だけで北極に通っていた身からすると、スポンサーの集め方などわからない。北極に行きたいのは、私の自己満足だ。極論かもしれないが、お盆休みにハワイ旅行に行きたいので、スポンサーから旅行資金を集めるというのと、変わらない。

それでも、大場さんや河野さんをはじめ、私が出会ってきた海外の冒険家たちにはそれぞれスポンサーが存在し、多額の冒険費用を工面している現実を見ると、真摯に打ち込む極地冒険と、お盆休みのハワイ旅行には、明らかな差がありそうだということも感じていた。

その差は何なのだろうか。私の中では、その差は感覚的に理解していた。しかし、まだ感覚的な域を越えておらず、言語化して誰かに伝えるほどの力は持っていなかった。

北極点挑戦に向けて、スポンサーを集めよう。そう思ったが、まず何をすればよいかわからない。企業を相手にするということだろうが、自分には就職経験もないので企業という存在がよくわからない。であれば、社会経験だと思ってまずは行ってみよう。そう思って行動に出た。

北極点挑戦の計画書を作り、アルバイトの合間に都内各所を歩き回る。品川や丸の内といった、大企業が集まる地域を歩き、見たことのある企業ロゴを見つけては入っていく。受付にいる女性に計画書と名刺を渡し、「北極を歩いて冒険している者なんですが、スポンサーを探していて、どなたかお話を聞いていただけないでしょうか」と切り出す。要は、アポなし飛び込み営業だ。

2010年頃から、時間を見つけてはこの飛び込みを散々やってみた。何社に飛び込んだかは覚えていないが、ゆうに3桁は超えている。では、このアポなし飛び込みが何社のスポンサーに繋がったかというと、ゼロである。正直に言うと、そんな飛び込みからお金に繋がるようなうまい話はあり得ないと思っていた。それでも、とにかく動いていれば何かが起きるはずだという信念はあった。

その頃はまったくの一人きりでの活動だった。仲間もなく、何をやるにも一人だった。

しかし、自分の中に明確に「北極点」という目標を掲げ、方々でそれを語り、資金集めに動いていると、次第に私の存在に気づく人が増えていく。気づくと私の周りに一人、また一人と仲間が増えていった。

が、だからといってすぐに資金が集まって北極点に挑戦できたわけではない。心の中に北極点無補給単独徒歩という大きな目標を持ちながら、来るべき次の冒険に向けて私は動き始めていた。

11回目

角幡とフランクリン隊を追う

～2011年1600㎞二人旅～

角幡唯介と北極圏を1600㎞歩く。60日間着替えナシ

角幡唯介との出会い

2010年の北磁極への単独徒歩行から帰国後、僕は翌2011年の北極点初挑戦を考えていた。しかし、北極点挑戦にはレゾリュートからの飛行機チャーター費用ほか多額の資金が必要で、その工面が間に合わないことが判明したことから、僕は北極点初挑戦を延期せざるを得なかった。そんな頃にたまたま連絡を取り合っていたのが、僕より二つ年上の角幡唯介《かくはたゆうすけ》だった。角幡は早稲田大学の探検部出身で、卒業後は朝日新聞社の記者になったものの、数年後には会社を辞め、食えるかどうかも怪しいフリーの物書きからノンフィクション作家になった男だ。

僕と角幡の出会いはその8年ほど前、世界を旅する奇人・変人・超人たちが集まる「地平線会議」という名の、日本の冒険・探検界ではわりと有名な会の場でだった。しかし、その後角幡が地方支局に赴任していったため、僕らはたまに連絡を取り合う程度の付き合いでしかなかった。ところがある日、彼から新聞記者を辞めてフリーのライターになったという連絡が来た。その後彼は、ヒマラヤに雪男を捜しに行ったり、チベットの峡谷を中国の公安に逮捕されたりしながら探検した話を文章で発表し始め、本の形になった彼の探検記は、大手出版社が主催するノンフィクション賞も受賞していた。

僕が2010年の北磁極の冒険から帰ってくると、彼と土産話のついでに飲もうという話になり、その時に彼が山岳雑誌用に採った僕のインタビューが「極地探検の今」という記事になった。その過程で北極の探検史を調べていたことから、角幡は次第に北極に興味を持ち始めるようになっていたらしい。

角幡がとくに興味を抱いていたのが、英国のフランクリン隊という探検隊だった。

北極探検のルート開拓には、大きく分けるとユーラシア大陸の北を通過する「北東航路」と、ヨーロッパから北米大陸の北を通過してアジアに至る「北西航路」の二つがあった。北西航路は極地探検史上の長年の課題であり、航路発見のために英国が威信をかけて送り出したのが、ジョン・フランクリン卿率いるフランクリン隊だった。

1845年5月、国や国民から大きな期待をかけられた総員129名の隊員らは、2隻の軍艦に3年分の食料を積み、現在のカナダ極北部の奥深くへと進入を開始した。しかしその後、フランクリン隊は予定の期日が経過しても隊員の誰一人として帰還せず、乗組員129名全員と2隻の軍艦は、北極海のどこかで忽然と姿を消してしまったのであった。それから10年以上にわたって40以上の捜索隊が派遣され、フランクリン隊が消息を絶ったと思われるあたりを捜索した。しかし、ところどころで隊員の名を記した墓や多数の白骨遺体などいくつか彷徨の痕跡は発見されたものの、フランクリン隊が辿ったルートは依然として不明のままだった。また、あるキャンプ跡に残されていた鍋からは、明らかに人間のものである骨が発見されたことから、彼らは極度の飢えの中で仲間の死肉を食べて生き延びようとしていたのだと推測された。しかし捜索隊による調査では、フランクリン隊が辿った軌跡のおぼろげな像しか見えてこず、詳細に関しては推測の域を出ない部分が多かったのである。

自身でも探検を行うノンフィクション作家である角幡にとって、フランクリン隊のエピソードは魅力的に映ったようだった。彼らが辿ったであろう道のりを実際に自分の足で歩き、フランクリン隊一行が極限状況の中でいかに生き長らえようとしたのか。いかに死んでいったのか。その風景を自分の目で見て感じてみたいと話していた。

「来年さ、もし北極点に挑戦できないようだったら、一緒に歩かない?」

新宿の手羽先屋で角幡から誘いを受けた僕は、2011年は単独行を断念し、彼と二人でフランクリン隊の足跡を追うことにした。その理由は、僕にとってはフランクリン隊への興味もさることながら、この時すでにノンフィクション作家として活躍していた角幡が北極を歩いたことをどのように文章や作品にしていくのか、その過程を知りたいと思ったからだ。また、僕はそれまで大場さんや小嶋さんといったベテランの年長者としか一緒に行動したことがなかったので、同年代の角幡と一緒に歩くことによって、今の自分の実力を客観的に判断できるのではないか、とも思ったからだった。

氷とツンドラの1600kmをゆく

フランクリン隊の足跡を辿って歩くルートは、レゾリュートから南に下ったジョアヘブンという村までの1000kmと、さらにその先の最終目的地ベイカーレイク村までの600kmという長距離ルートだ。前半の1000kmは3月から歩き始めてひたすら氷上を進み、後半の600kmは5月過ぎの初夏のツンドラ地帯、通称「不毛地帯」を歩いて最終目的地ベイカーレイクまで行く。途中のジョアヘブン以外には集落もなく、避難路も確保できない完全な無人地帯だ。ホッキョクグマも多い難易度の高いコースで、今までここを徒歩で踏破したという記録は聞いたことがなかった。

前半戦のルートでとくに気がかりだったのは、レゾリュート沖の海氷状況である。この年、レゾリュート沖の海氷はまったく凍る気配を見せず、3月半ばになっても一向に歩ける状態にならなかった。この状況で南下を試みるには、未凍結部分を迂回するために、まずはレゾリュートから西に100kmほど進んでから南に転じる必要があった。

レゾリュートに到着後、僕たちがいつものように気象台のウェインに相談に行くと、

「今年の海氷は悪いよ。まあ最近はいつもだけどね。今年はフローエッジがレゾリュートの西にできている。これを大きく回避しないといけないね」

と言った。やはりウェインも西に迂回する必要があるという意見だ。彼が見せてくれた衛星写真には、レゾリュートの沖合の海氷があちこち砕け、海峡の東へ流れる様子が映っていた。海氷の凍っている場所と凍っていない場所の境を「フローエッジ」と呼ぶが、それがレゾリュートの目の前に発生しているのだという。

「ジョアヘブンまでなら、フローエッジを大きく西に迂回しないと無理だけど、西の方は今年は大乱氷帯になっているから、きっと大変だよ。北極海から流れ込んできた氷が、全部ここでスタックして詰まってるからね」

さらにウェインは付け加えた。

「ここはホッキョクグマが多いから注意した方がいいよ。このあたりはクマだらけだ」

3月16日、レゾリュート出発の日。ウェインのピックアップトラックに僕と角幡の二人分のソリを積み、レゾリュートの西側にあるアレン湾まで送ってもらう。アレン湾はかつてレゾリュートの古い集落のゴミ捨て場だった場所で、今でも当時の古い機

械の残骸が置かれたままになっている。ソリを車から降ろすと、体にハーネスを着けて海岸線を下っていく。ウェインは僕たちの後ろをしばらく付いてきたが、やがて「I gotta go（もう戻るよ）」と斜面の上から手を大きく振って別れた。ウェインに手を振り返すと、僕らは海氷へと降りていき、いよいよ長い冒険のスタートを切った。

単独の旅ではすべての物資を自分一人で持たなくてはいけないが、二人だと持ち物を分担できるので、ソリはいくらか軽くなる。テントやショットガンは二人で一つあればいい。それでもソリの重量は１００kgを少し切るくらい。ソリには60日分の食糧を用意した。60日以内に１０００km先のジョアヘブンにゴールしなくてはいけない。

3日目、一日の行動を終えた夕方、気温はマイナス38℃まで下がり、晴れた空はさらに冷え込む兆候を示していた。キャンプを設営して就寝したその夜、早速事件は起きた。午前4時30分頃、熟睡していた僕の頭の近くで、テントの外のモーションセンサーのアラームがけたたましく鳴った。モーションセンサーとは、ホッキョクグマの接近を感知するための僕オリジナルの赤外線センサーだ。ハッと目を覚ました僕は、寝袋の中でじっと聞き耳を立てた。できればセンサーの誤作動であってほしい。隣の角幡も目を覚まし、やはり聞き耳を立てている。二人が無言でじっとしていると、かなり近くから「ズズッ、ズズッ」という雪面を何かでこすりつけるような音が聞こえてきた。どうやら誤作動ではなかったらしい。

「こりゃ、来やがったぞ！」

クマの襲来を確信した僕は、寝袋に入ったままあらん限りの声を張り上げた。

「テメェエ！　このヤロゥゥゥゥ！　コラァァー！」

次の瞬間、テントが何者かに激しく外側から揺さぶられた。

「来たぞ来たぞ！　クマだよ！　マジで来やがった！」

僕は叫びながら大急ぎで寝袋から這い出し、急いでダウンジャケットを羽織った。外はまだ日の出前で真っ暗だ。いつも決まったところに置いておくヘッドランプを手探りで頭に装着し、まずはフレアーガンを手に取る。フレアーガンとは救難信号弾の一種で、大型のロケット花火みたいなものだ。それをテントの換気用の絞り口から外に向けて発射すると、火薬の炸裂する光と派手な音が乾いた空気にこだました。続いて、そばに置いてあったショットガンを手に取り、動作チェックを簡単に行った後に弾丸を装填する。ショットガンを右肩に構えながら、僕はゆっくりとテントの入り口を開いていった。月が遠くで明るく輝いているのが見えたが、正面にクマの姿はない。僕がテントからゆっくりと顔を出して左の方を見ると、テントから10mほどのところにある影が右に左に揺れているのが月明かりに照らされて見えた。

「テメェこの野郎！　寝込みを襲いやがって！　ぶっ殺すぞ！」

テントからズイッと体を出して暗闇の中のホッキョクグマと向き合うと、僕は罵詈《ばり》雑言《ぞうごん》を吐きながら2発、クマの頭のすぐ上を狙って発砲した。

「どこにいる？」

テントから出てきた角幡が尋ねる。暗くてよく見えないようだ。

「すぐそこにいるよ、ほら、そこ」

体を揺らしながらこちらの様子を窺っていたクマは、ようやく踵《きびす》を返して暗闇の中に姿を消していった。クマが逃げていくと、僕たちは走ってそれを追い立てた。クマがいると思われる方向に大声を張り上げてショットガンを撃ちながら、二度と近づいてこないよう威嚇した。僕たちは、少し先で白く光っていた氷の隆起をクマと勘違いして、それに向かってこの野郎とかなんとか叫んだりもした。幸い、この時は何も被害はなかった。テントに戻ると、寒暖計はマイナス40℃を示していた。

3月27日、12日目。レゾリュートからひたすら西進を続けてきたが、北にバサースト島の岸壁が見えてきたあたりで南に方向を転じた。ここから南下して幅100km近いバロウ海峡を横断し、対岸のプリンスオブウェールズ島に上陸した後、島を横断してその先のピール海峡を目指す予定だ。

南下を始めると、海氷はすぐに壁のようにそそり立つ乱氷帯に変化した。レゾリュートの沖にはいくつかの島がバロウ海峡に並ぶように点在しているが、西からの強い海流の影響で、島にせき止められた海氷が割れて大乱氷帯を形成するのだ。バロウ海峡はカナダ北極圏の中でも最大規模の乱氷を形成する場所で、どこもかしこも氷は暴力的と言えるほどめちゃくちゃに破壊されていた。

4月2日、18日目。ひたすら乱氷と格闘。重いソリを二人で右往左往しながら運んでいると、遠くの海氷上に巨大な人工物のようなものが現れた。

「あれはいったい何だ？」

四角い巨大な物体が海氷上に横たわっている。長さ100m以上、高さ30mはありそうな、綺麗に切り立った巨大な直方体だ。角幡が疑問を口にする。

「ありゃ軍艦島か？　人でも住んでるんじゃないか」

「あれ、もしかしたらテーブル型の氷山かなぁ」

遠くにもう一つ同じようなのがあり、よく見てみるとやはり氷山のようだった。軍艦島の周囲も激しい乱氷帯になっており、先の状況に僕たちには溜め息しか出てこなかった。

「もう、最悪だな」

正直、僕も角幡もうんざりしていた。北極での徒歩冒険には、技術よりも「体力と忍耐と根性」が求められる場面が多々ある。というか、ほぼその三つの要素だけで冒険が構成されていると言ってもいい。激しい乱氷帯を効率よく突破していくには、技能よりも「黙って、休まずソリを運び続ける」しかない。苦行とも言える単調な行動をいかにミスなく、休まず続けられるかが求められるのだ。北極を冒険するための適性を挙げるとすれば「我慢強いこと」「苦しい時に自分を制御できる精神力」「ミスをしない細やかさ」といったところかもしれない。

空腹と疲労。そしてまたホッキョクグマ

100㎞に及んだバロウ海峡の大乱氷帯を10日かけてようやく突破すると、プリンスオブウェールズ島に上陸。この頃から、僕たちは二人とも激しい空腹を覚えるようになってきていた。毎日5000キロカロリーの食事を摂ってはいるが、日々の消費カロリーがそれをはるかに上回っているのは明らかだ。おそらく7000キロカロリーは消費しているはずであったが、それをまかなう食糧を準備すると、ソリの重量が

さらに増える。摂取カロリーの不足分は、あらかじめ蓄えておいた体脂肪を燃焼させることでまかなうが、そうすることでソリの軽量化を図るのは、極地冒険ではある意味常識でもあった。ある夕方、食事を食べ終わった瞬間に僕が「あー、ハラへった」と叫ぶと、まだ食べていた角幡が思わず吹き出し、僕の言葉に激しく同意した。

26日目にプリンスオブウェールズ島を通過し、ようやくピール海峡に到着。レゾリュートから大きく西に迂回させられた僕たちであったが、このピール海峡でようやくフランクリン隊が南下していったルートと合流できた。前半戦想定日数60日のうち、26日目までに歩いた距離が310km、残りの33日間でジョアヘブンまでの700km以上を歩かなければならない。ソリの重い前半の日程で全体の3分の1の距離を進み、後半に3分の2を歩く。無補給の極地冒険ではこれが計画の前提となるだろう。

4月半ばの出発30日目以降、僕たちは乱氷の少ないピール海峡をペースを上げて南下した。しかし、それと比例するように体力の消耗も激しくなり、朝、寝袋から出た瞬間にもう全身に疲労を感じるようになっていた。体中の筋肉が硬直し、寝起きのおしっこも腰を曲げたまま、足を引きずりながらじゃないとできないありさまだった。また、常に強い空腹感に悩まされ、あらかじめ蓄えておいた体脂肪も、この頃には完全に枯渇していた。脂肪があるのとないのとでは体の回復度も違い、生命力そのものにも差が出る気がする。長時間行動していると、「今日の分のエネルギーはこれまで」とパタッと体力が尽きる瞬間がある。脂肪があればいくらか無理も利くし、頑張ることもできるのだが、消耗が極まると、動かしたくても体が動かなくなるのだ。寝ている時に山盛りの肉を食べている夢を見て、目が覚めた時に本気でガッカリしたこともあった。

極度の疲労はまた、僕たちの体のあちこちにトラブルを発生させてもいた。僕は右足のかかとにできた大きな靴擦れが治らず、テーピングやバンデージで保護しても靴下はいつも血まみれだった。角幡は、以前雪山で負った凍傷のせいで足指の血流が悪くなりやすくなっていて、その対処に日々追われていた。おまけに口唇ヘルペスのようなものを発症し、それが寒さによるダメージやらなんやらで冗談みたいに腫れ上がり、見事にタラコとなった唇からは血が滴《したた》っていた。ある日、角幡が凍傷予防の血管拡張剤を服用すると、足指だけでなく唇の血管まで拡張させてしまったようで、流れ出た血が凍り付いて、上唇から長さ10㎝くらいの「血のツララ」をぶら下げて歩くはめに陥っていた。

ピール海峡を南下していたある夜、僕たちのテントにまたもホッキョクグマの襲来があった。モーションセンサーのアラーム音で事前に察知し、ホッキョクグマがテントから10mくらいの距離まで来たところで追い払うことができた。翌日、角幡が、

「昨日のクマ、追い払わないで食っちまえばよかったかな」

と言った時、僕も「たしかにそれはあるな」と思った。だが、やはりホッキョクグマを撃ち殺して食べるということには、どこかに心理的な抵抗もあった。いくら空腹感に苛《さいな》まれているとはいえ、「クマさん申し訳ない」という気持ちと、とかく地球温暖化の被害者のように扱われている動物を「腹が減ったから食いました」では済まないだろうという思いがあった。僕たちがいるところは完全な無人地帯なので、黙っていれば永遠にバレない。しかし、今回のパートナーである角幡はノンフィクション作家である。旅が終われば、彼はそれを文章にするだろう。ホッキョクグマを撃ち殺して食べた事実があれば、彼は絶対にそれを書くはずだ。そうなった時、みんなを納得させられるだけの理由がなければ……という思いが心のどこかにあった。

昔の探検家は、ホッキョクグマを食料にしながら探検を行っていたこともある。ノルウェーの著名な探検家フリチョフ・ナンセンが1893年から「フラム号」による北極海漂流と北極点到達を目指した探検では、漂流中の食糧補給にホッキョクグマ狩りをしていた。フラム号が海氷に身動きを奪われた際、ナンセンは助手を伴ってフラ

ム号を下船し、氷上を歩いて北極点を目指した。しかし、途中で北極点を断念せざるを得なくなり、フラム号とも離ればなれになってしまった二人は、そこから決死の氷上行軍を続け、どうにかロシアの北に浮かぶ無人のフランツヨセフ諸島に辿り着いた。彼らは冬が来る前に地面に半地下の穴蔵を作り、ホッキョクグマを撃ち殺してはその肉を貯蔵し、それによって極寒の冬を越えたのだ。翌春、フランツヨセフ諸島を訪れたイギリスの探検隊と偶然合流できて無事ノルウェーへと生還した二人は、驚いたことに、ホッキョクグマの肉を食べ過ぎて10kgも体重が増加していたという。

4月29日、45日目。ピール海峡を南下してキングウィリアム島まであと10㎞。翌日、僕たちは平坦で起伏の少ないキングウィリアム島の北端にあるフェリクス岬に上陸した。かつてフランクリン隊の行方を追っていた捜索隊が、ここでフランクリン隊が残したと思われるケルン（石積み）を発見している。この地に上陸した一部の隊員が何かの目印として残したものだろう。

1848年の4月、船上で死亡したフランクリンの後に隊を指揮していたクロージャー大佐は、沖合で海氷に身動きを封じられた2隻の軍艦を放棄して、上陸を決断する。後の捜索隊によってビクトリーポイントにあったケルンから発見されたのは、銅製の筒に納められた一枚のメモだった。当時の行動記録を伝える唯一の証言であるその直筆のメモには、隊長のフランクリンが死亡したことやこれまでの簡単な行程記録が綴られていて、その最後には「明日26日より、バックのフィッシュ川を目指して出発する」と記されていたという。ビクトリーポイントからグレートフィッシュ川(現在はバック川という名で呼ばれている)までは300km以上移動する必要があるが、クロージャー大佐がなぜグレートフィッシュ川を目指したのかはわからない。だが、隊長のフランクリンを含めここまでに24名もの隊員が死亡しており、命綱ともいえる2隻の軍艦は海氷に身動きを封じられていて、生存隊員の中にも瀕死の者や壊血病や栄養失調などでまともに動けない者もいたと思われる。そんな危機的な状況にあったからこそ、彼らは船を放棄して上陸するという決断をしなければならなかったのだろう。

ジャコウウシ

出発して47日が経過し、5月に突入。気温も上昇し、南へと進むにつれ明らかに太陽の位置も高くなってきた。天気もよく、雲のない青空が広がって暖かささえ感じる日だ。

キングウィリアム島の西側の地峡を南に向かって進んでいると、僕はずっと先の丘の上にいくつか黒い塊があるのを発見した。見ると、どうやらそれは岩ではなく、ジャコウウシの群れのようだった。

「ジャコウウシの群れがいるよ」

下を向いたまま少し離れた後方を歩いている角幡に声をかけ、ストックで右手の方を指し示すと、角幡が目を凝らすようにその方向を見つめた。

「ここからは1㎞くらいありそうだな、行くか？」

「ちょっと行ってみようよ、そんなに寄り道にもならないし」

その簡単なやりとりに、僕はこれまでずっと激しい空腹感に悩まされてきた二人の思惑が一致したのがわかった。近づいていくと、10頭ほどのジャコウウシが数十メートル間隔で散らばっていて、雪の下の苔やら草を掘り返して食べているのが見えた。100mくらいまで接近したところで、僕はハーネスを体から外し、ソリからダウンジャケットを出して着た。すぐに追いついてきた角幡もハーネスを外してダウンジャケットを着ると、僕に確認するように言った。

「マジで撃つのか？」

改めて問われ、僕は一瞬躊躇《ちゅうちょ》した後に答えた。

「撃とうよ」

「よし、じゃあショットガンの準備をするぞ」

僕たちは、ジャコウウシを食べようとしていた。この時の僕たちにとってジャコウウシは、愛すべき野生動物というより、新鮮で大きな肉の塊だった。角幡は、自分のソリに積んであった銀色のショットガンを黒いプラスチックのガンケースから取り出してきて、ダウンジャケットのポケットに数発の弾丸を放り込んだ。

「オレが撃つよ」

そう言って角幡がショットガンを手にしたのを見て、僕たちは本当にジャコウウシを撃ち殺して食べようとしているのか？　と、この期《ご》に及んで急にドキドキしてきた。

体の大きな成獣が10頭と、その足元を歩き回る子ウシが2頭確認できた。

「左から3番目の大きいヤツがリーダーだと思う」

僕は、後ろにいる角幡に伝えた。

「リーダーに警戒心を持たれないよう、アイツが顔を上げている時は絶対に動かないこと。草を食べている最中にゆっくり接近ね。で、また顔を上げるから、その時は動かないように」

「近づいてみるとけっこうデカイな、あんなの撃つのか？　なんかビビっちまうな」

僕たちは、ジャコウウシを意味もなく殺したいわけじゃあないのだ。ただ、新鮮な肉を腹いっぱい食べたいだけなのだ。なぜ僕たちは、罪もないジャコウウシを撃ち殺そうとしているのか。それは、僕たちがあまりにも腹が減っているからだ。命に軽重はないと理屈では自覚しているが、生き物を殺すということに関してはやはり抵抗感がある。でも、そのハードルの高さは何によって決まるのだろう？　もしこれが鳥や魚だったなら、そのハードルはグッと下がるのだろうか。

緩い斜面に身を伏せて匍匐《ほふく》前進で接近し、そっと顔を上げる。30m先にいるウシたちの荒い鼻息まで聞こえてくる距離だ。いよいよ覚悟を決めた角幡は、ショットガンにスラッグ弾を4発装填すると、その場にゆっくりと立ち上がった。至近距離に突然現れた人間の姿にも、群れは意外なほど反応しない。角幡が2〜3歩ジャコウウシの群れに歩み寄ると、警戒した数頭が後ずさりした。とその時、パン！　という乾いた発砲音が響き、すぐに2発目3発目が撃たれた。僕は叫んだ。

「当たったぞ！　追いかけて！　手負いにしないで、とどめを刺してやって！」

ジャコウウシの1頭の足の付け根から血が噴き出すのが見えた。撃たれたウシが足を引きずりながらよろよろと逃げようとするが、5mも歩くと、それ以上は進めなくなった。

「それ以上は近づかないほうがいい！」

角幡がそいつに接近しようとしているのを見て僕が声をかけると、彼はハッと気がついたようにその場に立ち止まった。僕が走り寄っていくと、角幡が、

「あれ、母親だった」

と、ぼそっと呟《つぶや》いた。見ると、撃たれたまま棒立ちになって血を滴らせているジャコウウシの足元に、小さな子ウシが1頭寄り添っていた。どうやら角幡が撃ったのは母ウシで、彼自身撃ってからそれに気づいたようだった。

「群れの中の1頭さ、ほら。あんなところを撃ったわけじゃないのに、尻のあたりに血が付いてるんだけど。あれ、何なんだ？」

そのジャコウウシの体には血がべっとりと付いていて、足元には、まだ歩くこともおぼつかない小さな子ウシがいた。

「もしかしたらあのウシ、ここで産まれたばかりなんじゃないか。どこかに胎盤とか落ちてない？」

「あ、そういえば近くに内臓みたいなのが落ちてたぞ。撃たれたウシのものかと思ったんだけど、それも変だって気がしてたんだ」

見ると、雪の上に赤黒い臓器が落ちていた。初めて見るが、それはジャコウウシの

胎盤のようだった。きっと僕たちがここに来る直前の出来事だったのだろう。ここでジャコウウシが出産し、小さな子ウシが誕生したばかりだったのだ。だからこそ、群れは来襲者の接近にもかかわらず、そこから走って逃げることができなかったのだ。

そうしている間に、撃たれた母ウシの背中の上下動が次第に小さくなっていった。少しずつ力を失っていき、ついには地面に身を横たえた。群れの他のウシたちは200mほど先まで離れていき、その場には血に染まった母ジャコウウシと、その周囲をメエメエと弱々しい鳴き声を上げながら歩き回る子ウシが残された。

「こいつ、群れには付いていかないよな」

「無理だろうね。母親しか子供を育てようとしないし、子供も母親からは離れないよ」

母ウシは、ついに死んだようだった。横たわる母ウシの顔に、子ウシが顔を近づける。おそらく子ウシにこの事態は理解できていないだろう。僕と角幡は緩い斜面の下にテントを立て、いよいよ母ジャコウウシの解体準備に入る。ジャコウウシの解体は僕も初めてだったが、イヌイットと狩りに行った時にカリブーを解体したことがあったので、僕はその手法をとった。

まず4本の足の皮を剝ぐため、手首足首の内側をT字を描くように付け根まで皮を切る。温かい状態であれば、切れ目から手で皮を脱がせるようにしてわりと簡単に肉と皮を分離できる。次に腹部を縦に毛皮の部分だけ切り、黒く密集した毛の生えた皮をベリベリ引っぱりつつ、筋肉と毛皮の間に付いている白く薄い膜を切りながら剝がしていく。次に四肢を分離する。前脚は、肩甲骨の周囲の筋肉をグルッと一周切ると簡単に外すことができる。次に腹の筋肉を少しずつ切っていき、内臓を取り出す。灰色の大きな胃袋や腸を体外に出した瞬間、モワッと湯気が立った。僕たちは素手で解体を行い、手先が冷える度にジャコウウシの体内に手を突っ込んで温めた。僕は、肝臓を少し切ってまだ温かいうちに食べてみたが、アンモニア臭がキツくてまったく美味しくなかった。肉をあらかた切り分けて袋に詰めると、雪面には母ウシの残骸だけが散らばっていた。

「もう十分だろう。テントに戻ろう」

僕が言うと、

「こいつ、どうする?」

角幡が尋ねた。子ウシのことだ。群れとも離ればなれになり、母ウシも死んだ今、もはやこの子ウシが生存できる可能性はない。つぶらな瞳でよちよち歩きの可愛い子ウシだが、僕は今すぐ殺してやるべきかとも思った。できることなら見て見ぬ振りをしたい。子ウシを殺すというのが、僕は心情的にどうしても嫌だった。

「後はオオカミが片付けてくれるよ。この子も、オオカミが食べるさ」

僕たちは、子ウシをその場に残していくことにした。本当は、早くこの場から逃げ去りたかったのだ。そして、僕たちが二人で肉の詰まったビニール袋を持ってテントに戻ろうと、50mほど歩き出した時だった。背後で突然、子ウシが鋭い叫び声を上げた。振り返ると、黒く小さな子ウシが、それまでのよちよち歩きからは想像もできないほどしっかりとした足取りで、叫びながらこっちに向かって斜面を駆け下りてくるのが見えた。

「なんだ、こいつ!」

子ウシは、僕や角幡の足元に絡みつき、甲高い声で絶叫しながら狂ったように突進を繰り返した。

「なんだよお前、あっち行けよ!」

子ウシの叫びの意味はわからないが、それは僕たちを激しく動揺させた。見て見ぬ振りをした罪悪感を、子ウシの叫びが揺さぶった。僕たちは、生まれて間もない小さな子ウシの生命力に圧倒されていた。何を訴えているのかわからないが、子ウシは一向にその場から離れようとはしなかった。

「しょうがない。殺すか」

角幡が言った。もう決着をつけるしかない、という表情だった。

「このまま放っておいても苦しんで死ぬだけだし、楽に死なせてやるのも母親を殺したオレたちの責任だろう」

そう言って僕は、ソリに仕舞い込んだショットガンを再び取り出した。

「今度はオレがやろう」

今回のことは僕たち二人に等しく責任がある。角幡が母ウシを撃ち殺したのであれば、子ウシを殺すのは僕でなければならなかった。狂ったように絶叫しながら動き回る子ウシに向かって、僕は至近距離から狙いを定めた。黒く丸い小さな瞳には、明らかに生命力が宿っている。子ウシはその瞳でショットガンを構える僕のことを正面から見据えた。僕が、子ウシの頭をめがけトリガーを引くと、「ドン！」という音とともに子ウシは一瞬動きを止めたが、すぐにまた足をばたつかせ始めた。どうやら狙いが外れて、弾は背中と後ろ足に当たったらしかった。

「悪い。次はちゃんと仕留めてやる」

僕はもう一度子ウシの頭部に銃口を当て、小さく「ゴメン」と呟きながら再びトリガーを引いた。子ウシの体が一瞬跳ね飛び、反転した後に足を二度三度と痙攣《けいれん》させてその場に倒れた。やがて子ウシが息絶えたのを見届けると、角幡は子ウシの足を持ち、その体を母ウシの残骸の横に並べた。僕たちは無言のままテントに戻ると、コンロに火を点け、母ウシの肉を腹いっぱい鍋で焼いて食った。

フランクリン隊彷徨の影

ハドソン湾商会の医師で探検家でもあったジョン・レーは、フランクリン隊の捜索でこの地を訪れた際、現地のイヌイットから「40人ほどの白人がボートを引きながら歩いているのを見た」という目撃証言を得る。レーはさらに、付近で隊員の名前が入った多くの遺留物とキャンプの跡を発見し、そこに残されていた鍋の中から人骨を見つけたと報告した。それは、極度の飢餓に苛《さいな》まれた一行が仲間の死肉を食べたことを意味し、同時にフランクリン隊の生存に淡い期待をかけていた英国の人々を奈落の底へ突き落とすものでもあった。フランクリン卿は、それまで数々の探検を生き延びてきた国家的英雄だった。その英雄率いる探検隊が、まさか仲間の死肉を食らうような蛮行に及んだなどということは、19世紀のヴィクトリア朝時代の英国人にとっては到底受け入れられるものではなかった。当初は100人以上の生存者が上陸したはずであるが、イヌイットが実際に目撃したとされる人数とはずいぶん差がある。後の推測では、上陸後に意見の対立などで隊員たちはいくつかのグループに分かれてしまい、クロージャー大佐に従って行く者もあれば、再び船に戻っていったグループもあったと言われている。この時すでに、フランクリン隊の生存者たちは崩壊への道を進み出していたのだった。

5月6日、出発から52日目。昨日までにレゾリュートから850㎞を踏破し、目指すジョアヘブンまでは残り9日間で200㎞となった。

キングウィリアム島の南岸を東へ向かう途中、ジョアヘブンを目指すルートを逸れて、対岸の北米大陸側にあるスタベーションコーブ（餓死の入江）に向かう。フランクリン隊の捜索隊は、そこでイヌイットが多数の白人の遺体を見たという証言を得ていた。角幡は、フランクリン隊全滅の地とされるそのスタベーションコーブの地形をよく観察して、フランクリン隊の生き残りたちは、目指していたはずの入江の場所を間違えて朽ち果てたのだというそれまでの定説と実際の状況に整合性があるかどうかを確かめようとしていた。

5月14日、ついに村まで7㎞。西からの弱い風、気温マイナス12℃。最初は氷の隆起だと思っていた黒い影が、歩いていくと海岸線に並ぶ大きな燃料タンクやコンテナ群だと気がついた。レゾリュート出発から60日目、無人の海氷上を1046km歩いてジョアヘブンに到着。旅の前半が終了した。

ジョアヘブンに到着すると、僕たちは村にただ一軒のホテルへ向かった。港の倉庫のような無機質な外観のホテルの前で到着の記念撮影をすると、とりあえず文明的な食事がしたいとホテルのダイニングへ。しかし、僕たちは60日間一度も風呂に入っていないし、穿《は》いているパンツも60日間穿きっぱなしのほぼ皮膚と同化したパンツだ。顔面は凍傷と日焼けでボロボロ、きっと異臭も放っているに違いなかった（僕たち自身は何も感じないが）。ダイニングでは、トースト、サニーサイドエッグにハッシュブラウンとベーコン、シリアルに牛乳をかけ、バナナを入れて食す。食事中に最も感動したのは、食事の内容よりもじつは「椅子って楽だな」という発見だった。食事を済ますと、僕たちは交替でシャワーを浴びた。髪の毛は2ヵ月分の皮脂でヘルメットのように固まっている。シャンプーを何度も投入しないと髪はサラサラにならず、洗った後もどうにも頭皮が突っ張って変な感じだった。洗面所の鏡に写った裸の自分を見て、こんなに痩せてしまったのか、と自分でも唖然とした。また、宿泊客の中にはホッキョクグマの生態調査に来たという科学者グループがおり、そこには綺麗な若い女性が二人いて、「レゾリュートから歩いて来るなんて、あなたたちスゴいわ！クマはいなかったの？」なんて話しかけてきた。僕は、久しぶりに見る若い女性の姿が素直にうれしかった。

北極の夏

ジョアヘブンでは、数日間ひたすら食べて寝るだけの毎日を過ごした。スーパーで食べたいものを好きなだけ買い、一日中ベッドから降りずに食べて寝た。4日ほどひたすら怠惰な生活を続け、体に元気が戻ってきたところで、次のベイカーレイクまでの徒歩行の準備に入った。

ベイカーレイクを目指す際の最大の懸念は、「いつ夏になるか」だった。ジョアヘブンから南へ進むとすぐに北米大陸本土に上陸し、そこからは「不毛地帯」と呼ばれるツンドラの原野をひたすら南下することになる。多くの湖沼が入り乱れ、途中にはかつてクロージャー大佐が目指した「グレートフィッシュ川」こと現在のバック川が、進路を遮るように東西方向に横たわっている。6月になって北極圏にも夏がやってくると、それまで凍結していたすべてが溶け出して環境が一変する。ぬかるんだ土地が増え、移動には最も適さない場所になるのだ。イヌイットの猟師の組合に出向いて雪解け後の川や湖の状態を尋ねてみるが、6月のツンドラ地帯にはイヌイットも立ち入らないため、「夏の時期のことはよく知らないが」という前置きのついた情報しか得られなかった。

5月24日深夜。10日間の休養と準備を終えた僕たちは、最終目的地であるベイカーレイクへ向けて出発した。これからは気温も上昇していくので、装備品も小型のテントや夏用の寝袋などに替えた。また、夏のツンドラ地帯にできた川や湖を越えるため、小型のゴムボートも一つずつ用意した。ソリに積んだ50日分の食糧は氷上行進の時よりもだいぶ少なく、重量も50kgほどだ。すでに白夜になっているため、基本は夜間行動だ。僕たちは、ツンドラ行ではそれまで使っていた衛星電話を持っていかないことにした。外部との通信をすべて遮断して助けをいっさい呼べない状況にすることで、より深く自然の中に入っていきたいという角幡の意見に賛成したからだった。

ジョアヘブンを出発すると、10日前に歩いたルートを少し戻るように南下し、スタベーションコーブ方向を目指す。空には黒い雲が重く垂れ込め、空気が湿気を帯びていた。周囲に渡り鳥の姿を頻繁に見かけるようになり、ハクガンやカモの群れが編隊を組んで南の空から次々と渡ってきた。周囲の雪が減って、小高い丘にも黒い土や石の転がるエリアが増えてきていた。

僕たちは、後半戦で最大の障壁となるはずのかつてのグレートフィッシュ川を目指し、雪解けの進むツンドラを南下。僕たちにとっては、どこで川を渡るのかが最大の問題だった。

グレートフィッシュ川の本流に到着した6月18日、周囲からはまったく雪が消えたことから、僕たちはソリとスキーを放棄してすべての荷物をザックへと積み替えた。ソリはノコギリで切断し、壊れてボロボロになったスキーと一緒にロープでガッチリ縛り、石を括《くく》り付けて川に沈めた。足場の悪いツンドラでの重いザックはかなりしんどい。僕たちが「ネギ坊主」と呼んでいたバレーボール大に丸く成長する湿地帯特有の草の頭の部分を踏みつけ、足首を捻挫しそうになったりもした。

支流のメドーバンク川がグレートフィッシュ川に合流する地点は、最も広いところで2㎞ほどの川幅がある。僕たちは流れの速い本流ではなく、川幅が広くて流れも緩やかな合流点で渡河しようと考えていた。合流点に辿り着くと、半分はまだ氷に覆われていた。ここで数日待てば氷が開くのか、それともこの氷はしばらく滞留するのか、非常に判断の難しい状況だった。渡れそうな箇所を探して川沿いに上流へ進んでいくと、一ヵ所だけ氷がまっ二つに割れ、細い水路のようになっているところを発見した。僕たちはチャンスと判断し、ザックとゴムボートをロープで30ｍほど下の川岸まで降ろした。川岸でゴムボートにヒョイッと飛び乗ると、緩い流れをパドリングして障害物となっている氷の淵まで漕いでいく。水路のような割れ目は、ちょうどゴムボートが1台通れるくらいの隙間だが、進んでいくと途中で氷が閉じてしまっていた。角幡が、「割って進むしかないな」とストックで氷を突き割り始めたが、しかし30分経っても一向に作業がはかどらない。しびれを切らした角幡が、強度を確認するために氷の上にザックを載せ、次に軽く体重をかけてみたが、氷はびくともしそうになかった。今度は、そっとボートから氷に足をかけ、ついにはその上に立ち上がってみた。

「なんだ、全然大丈夫そうじゃないか」

氷は意外なほど強度があり、分断されて流されている氷ながら十分な厚みもあって、人間がその上を歩けることがわかった。僕たちはゴムボートとザックを氷の上に引き上げると、50m先にまた開けていた水面まで運んだ。あとはグレートフィッシュ川の対岸まで1kmほど、のんびりと緩い流れをパドリングしていけばよかった。

僕たちは、グレートフィッシュ川を渡ったところにテントを張った。暖かい日で、のんびりとテントの外でコンロに火を点け、川の水を沸かしたお湯でコーヒーを淹《い》れた。広い川面のスレスレをカモが数羽、遠い岩壁に鳴き声を反響させながら飛んでいく。鈍色《にびいろ》の空には雲が垂れ込め、大気は穏やかで、時間がゆったりと流れていた。

その後も僕たちは、足場の悪いツンドラの湿地を越え、小高い丘のガレ場を登り、突然現れる川をゴムボートで渡りながらベイカーレイクを目指した。たまに鳥の巣に卵を発見しては、それを夕食のおかずにした。インスタントのマッシュポテトを丸めて溶き卵を纏《まと》わせ、砕いたクラッカーをまぶして油で焼く。それは、今までの人生で一番ウマいコロッケだった。しかしある時、割った卵の中に明らかに生命へと転化しつつある存在を確認して以降は、卵に手を出さなくなったが……。エイマー湖の氷上では釣り糸を垂らし、僕と角幡はそれぞれ82㎝、72㎝を超えるレイクトラウトを釣り上げた。釣った魚を鍋でバターソテーし、醤油をかけて食べると絶品だった。

7月に入ると、蚊が大量に発生し始めた。ツンドラの蚊は悪名高く、大発生すると、人間やカリブーが真っ黒になるほど群がってくるという。僕たちは、頭にかぶる蚊除けネットだけは持参していたが、大発生する前にさっさとゴールしたほうが賢明だった。グレートフィッシュ川とは別水系のセロン川に出ると、氷は消えていたが雪解け水が茶色い濁流となっていて、とてもボートを浮かべられる状態ではなかった。ここから目指すベイカーレイクまでは、残り約70㎞ほどだ。

「まさか、こんなところで歩いているとはね」

「最後はボートでのんびり下っていけるとばかり思っていたんだけどなぁ」

「流木も見当たらないし、これじゃ焚き火もできないな」

7月6日。オートミールにビスケットを入れた朝食を済ませると、僕たちは朝6時に出発した。尻尾だけ白い冬毛の残ったホッキョクギツネが僕たちの周りを歩き回り、高山植物のような小さな草花の中で「ギャオ、ギャオ」と静かに鳴いていた。ベイカーレイクまでは15㎞。ゴールはもう目の前だ。早朝、まだ太陽が低いうちは空気もひんやりとしていたが、太陽が少しずつ高度を上げていくと、次第にジリジリと肌に焼け付くような暑さを感じてきた。上着を脱ぎ、Tシャツ姿で歩くとちょうどいいくらいだ。

歩き出してすぐ、イヌイットが夏の間の移動に使うバギーの轍《わだち》を見つけた。その先にベイカーレイクの村はあるはずだ。サラサラと穏やかに流れる小川を越え、湖の浅瀬の冷たい水の中を裸足で歩く。ふと見ると、轍の先の丘の上にイヌイットの老夫婦がバギーを脇に停めて立っているのが見えた。僕たちがジョアヘブンから歩いてきたことを伝えると、老夫婦は僕らに向かって南の方角を指差し、遠くに一筋立ち昇っている黒煙を確認すると、「あそこがベイカーレイクだよ」と教えてくれた。

ザックに付けた寒暖計は20℃を示している。3月16日にレゾリュートを出発して以来、この長い旅での気温差は60℃にもなった。僕たちは、ベイカーレイクのゴミ捨て場から上がる黒い煙を目指して歩いていったが、そう言えば僕たちがレゾリュートを出発したのも、古い集落のゴミ捨て場前からだった。そんなことを考えているうちに、目の前に近代的な建物がひとつふたつと現れ始めた。

「いやー、疲れたね」

僕は、蚊除けネットを被って無言で歩いている角幡にそう声をかけた。凍《い》てついた海から出発し、生命が輝く夏のツンドラまで自然に包まれ続けた１０３日間、１６１１㎞を歩いた僕の胸にあったのは、特別な高揚感でも爆発しそうな喜びでもなく、何とも言えない寂しさであった。

コラム　2014年1600km二人旅を振り返って

角幡唯介との二人旅は、とても印象に残っている。

よく尋ねられるのだが、二人きりでずっと一緒に旅をして、ケンカをしなかったのか？　ということだ。これが、まったく起きなかった。もしかしたら、彼の方は我慢をしていたのかもしれないが、それは人間二人がお互いに100mと離れず、4ヵ月近くを旅していればそれぞれ多少の我慢はある。それでも、我慢が限界を迎えて激しい口論になる、という事態は一度もなかった。

私が彼と一緒に旅に出た経緯に関しては、書いたとおりだ。私には、同世代の相手と一緒に、二人で旅をするということに興味があった。それまで単独行が多かった自分自身の力量を、客観的に測ってみたいという思いがあったからだ。最初こそ私が主導して準備を行い、大まかな計画立案やルート選択を行っていたが、勘のよい角幡はすぐに極地でのナビゲーションや行動様式を身に付け、あくまでも対等な旅の相棒として互いを尊重し、行動していた。

私が彼への興味としてもうひとつ持っていたのは、作家としての側面だ。すでにノンフィクション作家として走り始めていた彼が、自分の旅をどのように作品にしていくか、その一連を近くで見ていくことで何か得るものがあるのではないかと思った。

角幡と一緒に旅をして、一番覚えているのは記録の取り方が詳細であることだ。一日の行動を終えると、テントの中でヘッドランプの明かりを頼りに夜遅くまで日記をつけている。毎日欠かさず、細かい字でノートに4～5ページは書いていたのではないか。私も日記を書くが、せいぜい1ページほどだ。なので、すぐに書き終わる私は角幡の記録終了をのんびり待ち、ようやくバーナーの火を落として寝袋に入る、という毎日だった。

二人で歩いたベイカーレイクまでの1600km行は、角幡の手により『アグルーカの行方』という本にまとめられた。完成した本を読んだ時、私は忘れていたが確かに交わした会話が各所にちりばめられており、あの時間をかけた毎夜の記録は、何気ない会話のひとつひとつまでをも書いていたのかと驚いた。

もうひとつ、角幡と旅をして感じたのは、彼がとにかくよく物を壊したりなくしたりすることだ。

彼自身も著作で自虐的に書いているが、とにかくなぜか物をなくすし壊す。先程、彼が日記を書き終わるのを夜遅くまで待っていた、と書いたが、待っていたのはそれだけではなかった。毎夜テントの中で、壊れた装備の修繕にも時間を要していた。

レゾリュート出発直後に彼はスキー板を壊し、その後はテントの中で燃えているバーナーにダウンジャケットの袖口を触れさせて焼き、後半のツンドラ地帯ではゴムボートの空気を塞《ふさ》ぐバルブを紛失した。

それ以外にも、細かい修繕をしょっちゅう行っていたのだが、同じ環境で同じ装備を使っている私は、ほとんど修繕に時間を使っていなかった。

角幡にとっては初めての北極だし、慣れない環境で仕方ないなと最初は思っていたが、それにしてもずいぶん多いな、と途中で感じ始めた。そこは私も特にストレスに感じていたわけではなく、次に何が起きるのか、というのが少し楽しみな自分もいた。

この年の旅を通じて、最も印象的な出来事は、やはりジャコウウシの母子を撃ってしまったことだろう。

あの頃、我々は二人ともが激しい空腹感の中にいた。長期の日程だったことで出発時のソリの総重量を抑えようと、今から思えば食糧計画が甘かった。お互いが、ジャケットを着て歩く相手の姿を見て「痩せたなぁ」と感じていた。

あの子ウシを撃った時のことは忘れない。まだ生まれて間もない、ぬいぐるみのような小さな子ウシが、その場を立ち去ろうとする我々に対して、想像もできないような絶叫と突進を行った。物事に意味を与えて理解しようとする我々人間には、それは子ウシからの抗議であり、罵りであり、叱責であるように感じた。自分たちの心にある後悔や罪の意識を、子ウシの絶叫は露呈させた。

今になってみても、あの時の子ウシの叫びと突進は何だったのかわからない。子ウシには、自分が母親を失ったことや、それを殺した対象がコイツらだという認識があったのだろうか。あったとして、それを訴えるような行動を取るのだろうか。

私たち二人は、子ウシに圧倒されていた。恐怖心すら覚えていた。

いよいよ子ウシを撃つと決めた時、私は手が震えていた。ショットガンに弾丸を込め、足元で叫びながら動き回る子ウシに狙いを定めた時、子ウシもまた私のことを見つめ返した。重厚で精密な金属と火薬で仕組まれた、圧倒的な火力を手にする私を、ふわふわな黒い毛に包まれた小さな子ウシは、その真っ黒な眼で、私の脳天まで射抜くように見上げていた。

あの二つの小さな黒い眼は、死ぬまで私の記憶から消えないだろう。

子ウシを殺す必要があったのか？　そのまま生かしておいたら、成長できた可能性もあるのではないか、そう聞かれることもある。が、その可能性はあり得ないだろう。

しかし、あの時の私たちにとって、この子ウシの将来は潰《つい》えたのだから殺すしかない、という冷静さよりも、この恐怖の生命体を一刻も早く黙らせたいという、そんな意識だったはずだ。

私が今に至るまで、人生の中で向き合った存在に最も生命力を感じたのは、あの子供のジャコウウシをおいて他にない。

12回目

無補給単独徒歩による挑戦

～2012年北極点～

2012年。北極点への準備で、食糧パッキング中

日本人初の無補給単独徒歩での北極点到達を目指して

2012年3月2日午前11時。チャーターしたツインオッター（双発飛行機）が、レゾリュートから北北東に1000㎞ほど離れたカナダ最北端部、ディスカバリー岬の海氷上にランディングした。両翼のプロペラの回転が止まり、二人のパイロットが外から機体の小さい扉を開けると、マイナス46℃の外気が機内に流れ込んできた。僕は4段ほどの短い梯子《はしご》を降り、フカフカした雪が降り積もっている雪面に足を置いた。

「やっとここまで来たな」

息を吸うと、鼻の奥にツンと痺《しび》れるような北極独特の冷たい「匂い」がする。この匂いがいつも、僕に冒険の始まりを知らせてくれる。

今回僕がここへやってきたのは、「無補給」「単独」「徒歩」での北極点到達を50日間の行程で目指すためだ。ディスカバリー岬から北極点までは直線距離で約780㎞、その間いっさい陸地はなく、延々と凍結した北極海が広がっている。無補給単独徒歩で北極点到達に成功したのはこれまで世界で二人だけ。ロシア側からのアプローチで一人、それより難しいとされるカナダ側からの成功者も過去に一人だけとされていた。

北極点到達は、僕がいつか必ず挑戦したいと思っていたことだった。大場さんに連れられて初めて歩いた北磁極への旅で、最後に見た北極海の印象は鮮烈だった。見渡す限りの巨大な乱氷帯は、とても人間が入っていけるような場所には見えなかった。その光景を目にした瞬間、僕は恐怖とともに、「この先をもっと見てみたい」という思いを抱いた。大場さんを始めとした世界の冒険家たちはこんな場所をソリを引いて歩くのかという驚きと、そのために必要な能力がどれほど人間離れしたもので、彼らがどういった経験を積んでそれを手にしたのか、そのことに僕は素直な憧れを抱いた。その時はまだ北極点を目指そうなどとは思ってもいなかったが、その後に何度か冒険を繰り返すうち、北極点はいつか必ず挑戦することになるだろうと思うようになった。

しかし北極点への挑戦は、それに必要な資金も格段に違う。飛行機のチャーター費用が一回で約3００万円ほど必要で、北極点到着後のピックアップにはさらに高額なチャーター費用がかかる。そのため、北極点挑戦の資金は少なく見積もっても1００0万円を超える。大企業のスポンサーも個人財産も持たない僕は、今回の必要資金の多くの部分を個人のカンパに頼った。冒険の趣旨に賛同してカンパをしてくれた方たちを「サポート隊員」とし、僕と日本の事務局との衛星電話での交信音声を配信したり、北極点達成時に広げる旗に名前を入れて記念撮影することなどを約束して広く募金を呼びかけた。結果、5００名近い方々から応援を頂けたおかげで、今度の北極点挑戦が実現したのだ。

パイロットに手伝ってもらい、僕はツインオッターから2台のソリを海氷上へ降ろした。ソリに搭載した物資はすべてグラム単位で計量し、できるだけムダを省いて軽くしたつもりだが、それでも2台で100kgを超えた。物資を降ろしてしまうと、パイロットはツインオッターのエンジンが冷える前にさっさと帰り支度に入る。彼らが去ってしまえば、いよいよ僕は2ヵ月近く人間社会と隔絶することになる。「Good Luck」と差し出されたパイロットの右手を握って振り返ると、春まだ遠い北の空は、弱々しい太陽光で薄ぼんやりと紫色に染まっていた。体に着けたハーネスと2台のソリを登山用ザイルで繋ぎ、スキーを履いてグイッと腰に力を入れると、100kgを超えたソリが背後でゆっくりと動き出す。あとは両手両足を交互に前進させていくだけだ。僕が歩き出したのを確認したツインオッターは、エンジンを再始動させると、低く唸る回転音を乾いた冷気に響かせながら南の空へと飛び去っていった。

ソリを引きずって岸沿いに広い北極海へと踏み出すと、すぐにあたりの景色が一変する。空から見えた乱氷帯は、実際に間近で見るとまるで〝壁〟だった。北極点付近で水深4000mにも達する北極海は、以前よりも氷の厚みを失い、現在では冬でもその表面の2〜3mしか凍結せず、広大な海に張った薄い氷の膜のようになっている。

とくに沿岸部では、海流によって陸地に押し付けられた氷が砕けやすく、激しい乱氷帯が形成されやすい。スタート地点のディスカバリー岬は北緯83度に位置し、3月初旬の日照時間は4時間ほどしかなく、午前10時頃に水平線上に顔を出した太陽は、午後2時頃には沈んでしまう。その太陽も、今は南にあるエルズミア島の高い山々に遮られてその姿を見ることができず、周囲は常にぼんやりとした薄明かりに包まれていた。初日は日没過ぎの午後3時にキャンプを設営したが、気温はマイナス49℃。マイナス50℃までしか目盛りのない寒暖計が今にも振り切れそうなスタート初日だった。

北極点初到達者？

人類史上で最初に北極点に到達したのは、1909年、アメリカ人探検家のロバート・ピアリーだとされ、歴史の教科書にもそのように記載されている。だがその裏にもう一人、ピアリーと北極点初到達者の栄誉を争ったフレデリック・クックという人物がいるのをご存知だろうか。

1909年4月6日、ロバート・ピアリーは20年以上にわたる挑戦の末、52歳の時にようやく「北極点初到達」の宿願を果たしたと言われている。しかし、ピアリーが北極点初到達を世界に発表するそのわずか4日前、同じアメリカ人探検家のフレデリック・クックが、「私は、1908年4月21日（ピアリー到達の1年前）に北極点に初到達した」と新聞紙上で発表したのだ。世界はクックの突然の発表に驚くとともに、その偉業達成を信じて賞賛した。それによって、クックこそが北極点初到達者であり、ピアリーは2番手だとされた。

医師であったクックは、かつてピアリーの探検隊にも参加したことがあった。クックは極地でその才能を発揮し、やがて彼自身優秀な探検家となっていった。その後、二人はある出版物の権利を巡って仲違《なかたが》いすることになるが、以降クックは個人で探検を続け、一方のピアリーは、海軍中佐として国の威信をかけて北極点に挑戦するようになっていった。そして、長年の苦闘の末にようやく北極点到達を果たしたピアリーの前に突然現れたのが、他ならぬクックであった。ピアリーは、北極点初到達のために凍傷で足の指を8本失うなど多大な犠牲を払ったが、そのピアリーが苦労の末にようやく手にしようとした栄誉を、目の前でさらっていったのがクックであった。

そこから、ピアリーのクックに対する容赦ない攻撃が始まった。ピアリーは、自分の後援者である政財界の力を借り、マスコミを使ったネガティブキャンペーンを展開して、クックの北極点到達を否定する証拠を次々と発表した。その決定打となったのは、1906年にクックが発表した「北米大陸最高峰マッキンリー初登頂」の疑惑追及だった。クックのサポートをした山岳ガイドが「山頂で撮ったという写真は、本当は近くの丘の上で撮影したもので、捏造《ねつぞう》だ」という供述書を裁判所に提出し、それによってクックの信用は地に落ち、あげくは詐欺罪で収監されるまでに至った。それとともにクックの北極点初到達も捏造と判断され、改めてピアリーが「北極点初到達者」となったのだった。しかし後年、裁判所に供述書を提出したガイドには、ピアリーの弁護士から多額の小切手が渡っていた証拠が見つかっており、ピアリーにはクックのガイドを買収して嘘の供述書をでっち上げた疑いがある。

しかし、問題はそれで終わらなかった。じつは、ピアリーの北極点到達でさえ疑問視する向きが多いのだ。ピアリーには、天体測量のできるナビゲーターを途中で引き返させたり、記録された行程表からすると復路だけが異常に速すぎたり、北極点到達時にピアリーが帯同していたのはイヌイット4名と黒人従者のヘンソンだけで、天体測量ができるのはピアリーだけだったりと、いろいろ不審な点が多い。また北極点は海氷上にあって常に流れ動いているため、第二第三の到達者が最初の到達者の証拠を確認することができない。ピアリーの報告からは、今となっては彼が「到達した」という証拠が明確にはならないものの、「到達していない」という証拠も読み取れず、おそらくピアリーが北極点初到達者だという記録が塗り替えられることはないだろう。

しかし僕は、状況証拠を見る限り、ピアリーとクック双方ともじつは北極点には到達していなかったのではないかと考えている。

3月3日、朝7時20分起床。テントの外はまだ暗く、ヘッドランプを点灯して寒暖計を見ると、今日も気温マイナス49℃。寝袋から這い出ると、テントの中は時間すら凍り付いているんじゃないかと思うほど寒く、自分の呼気が霜になってびっしりと貼り付いている。テント内でそれなら、外はいったい何度なのかと恐ろしくなる。マイナス50℃の世界ではプラスチックは簡単に割れるし、マッチの着火部でさえ凍るのか、火の点きが悪くて仕方がない。また、体から発散される寝汗で寝袋が凍り付いてしまうと、それを溶かして乾燥させるのが厄介である。さらにそれが羽毛だと、あっという間に凍り付いて保温力を失うため、極地では化繊の寝袋が使われる。寝袋を寝汗で濡らさないためには、ナイロン素材のベイパーバリアライナーがとても有効だ。寝袋に入る時に、一番下に薄くて汗を通さないライナーを着る。大袈裟にいえば、巨大なビニール袋で体を包んでから寝袋に入る理屈だ。目覚めた時に多少蒸れた感じはあるが、空気が乾燥しているためにすぐに乾くので、さほど気にならない。日本ではなじみがないが、極地ではベイパーバリアライナーは一般的な装備で、寝袋だけではなくて靴を履く時にも使う。ブーツのインナーを汗で濡らさないように、薄い靴下を履いた上からライナーをかけ、その上に分厚い靴下を履いてブーツを履く。汗で濡れるのは、足に直接履いた薄い靴下だけだ。専用の装備がない時は、普通のビニール袋を使う。冒険中は常に歩き続けなので、足が汗で濡れても冷えることはない。使い方さえ間違えなければ、多少蒸れるぐらいのほうが暖かく感じるのだ。

ナビゲーションは、多くの場合は時間と太陽の位置から方角を割り出す。太陽以外にも、風向きや風紋、サスツルギ（風の流れに沿って雪が筋状に削られたもの）などで方角を知ることができる。この付近のサスツルギは、強い西風の影響で氷上に東西方向に伸びる雪のスロープを作るので、それに対して直角に歩けば真北へと進んでいける。ただ、サスツルギは方角を知る点では便利だが、前に進むためにはこの上ない障害となる。大きな乱氷の陰にできた高さ1ｍのサスツルギは完全に雪の壁で、その度に重さ50kgのソリ2台を持ち上げ、引っぱり、蹴っ飛ばし、突き落としながら壁を越えていかなければならない。僕が今回ソリを小型のもの2台にしたのは、北極海特有の激しい乱氷と大きなサスツルギを乗り越えるためだ。1台のソリに100kgを積んでしまうと、重すぎて一人では障害を越えられない。平坦な場所では2台のソリを連結して引き、乱氷帯ではそれを分割して運ぶことで障害を乗り越えやすくするのだ。

午後3時にはあたりも暗くなり、心情的にも寂しくなってくる。今日はこれ以上無理せず、安定した海氷面を見つけてキャンプすることにした。8㎞進行。

3月4日、3日目。午前10時前に南のエルズミア島にやっと太陽の姿が見えてきた。大昔に氷河で削られた急峻な山間《やまあい》から光がこぼれ出すのを見てから出発。早く白夜にならないかと思うぐらい、とにかく太陽光が待ち遠しい。たとえ弱々しい光でも、太陽というのは気分的にも暖かみを与えてくれる存在だ。高緯度地方では、春が近くなると急激な勢いで日々太陽が高くなっていき、この時期には毎日約30分ずつ日照時間が延びていく。3月上旬には4時間ほどしかない日照時間も、4月に入る頃には太陽の沈まない白夜となる。

出発してすぐ、東西方向に延々と伸びる幅400ｍほどの大きなリフローズンリードに出会った。リフローズンリードとは、海氷のリード（割れ目）が再凍結したもので、凍結したばかりの薄い新氷には積雪もなく、真っ平らなので歩くには好条件だ。乱氷もサスツルギもまったくなく、氷上を真っすぐ進むことができる。見たところ氷の厚さは30㎝くらいだろうか。数日前はまだ波立つ海の状態だったかもしれず、もしその時にこのリードに遭遇していたら、僕はそれが再凍結するまで何日も待たなければいけなかっただろう。リフローズンリードを横切ると、その先はまた乱氷帯。日没過ぎの午後4時少し前にキャンプ。6時間の行動で、進行距離はわずかに5・4km。

空からの挑戦

北極点にはいったい何があるのか？　そこは、陸地なのか海なのか？　北極点到達を目指して数多くの探検が試みられたものの、その多くが失敗に終わっていた頃、それまでのひたすら氷上を行く方法に限界を感じて新たに「空路」に着目したのが、スウェーデンのサロモン・アンドレーだった。

1897年7月11日、野心的な気球乗り・サロモン・アンドレーと二人の同乗者が、ノルウェー北部のスバールバル諸島から気球「ワシ号」に乗って北極点に向けて飛び立った。たくさんの賞賛と同じくらい多くの非難を受けたアンドレーの計画は、極地探検の権威であったノルデンショルドや、ダイナマイトの発明で財を築いたアルフレッド・ノーベルの支援を受け、この日ついに実行に移されたのだった。

当時の気球は、現在のようにガスバーナーで浮力を調節するのではなく、水素を球皮に満たして飛ぶガス気球だった。一度飛び上がってしまうと、途中でガスの容量を調節できず、そのため大量に積んだ砂袋を空中から投下することで浮力を調整しなければならなかった。また、気球は風まかせにしか飛べない点が最大の弱点だが、アンドレーはゴンドラから長く地表に伸ばした重い誘導策（ロープ）が地面と接触する抵抗を利用して気球の速度を落とし、帆を利用して風力によって進行方向を操るという画期的な方法を考え出した。出発後、アンドレー一行を乗せたワシ号は、太陽光を受けると水素が暖められて浮力を増し、曇ると途端に海氷スレスレまで落ちていき、激しく上昇と下降を繰り返すようになった。その度に砂袋を落とすのだが、しまいには砂袋が尽き、キャンプ道具や食糧まで投下するはめに陥った。出発3日後、ワシ号は出発地点から400㎞ほど先の氷上に不時着した。気球による北極点到達をあきらめたアンドレーたちは、用意していたソリを組み立て、そこから最も近い陸地を目指して氷上行進を開始した。苦難の末、彼らはどうにかスバールバル諸島北東部のホワイト島という無人島に上陸したが、その時点で彼らにはもうそれ以上移動する体力は残っていなかった。

33年後の1930年8月、ホワイト島に立ち寄ったセイウチ狩猟船が偶然、散乱した白骨遺体と古いキャンプ道具を発見する。道具には「アンドレー北極探検隊」の文字が刻まれ、アンドレーの日誌の他、たくさんの撮影済み写真フィルムもそこで発見された。彼らの死因に関しては多くの説があるが、アンドレーの日誌には、ホワイト島を目指す途中でホッキョクグマを捕まえて食べた後から、次々と激しい下痢や痙攣《けいれん》、筋肉痛を発症したことが書かれていた。それらは典型的な旋毛虫症の症状であり、ホッキョクグマの肉から旋毛虫症という寄生虫病に感染して、体が極度に衰弱していったという説が有力である。実際にアンドレー最後のキャンプ地に残されていたホッキョクグマの毛皮からは、旋毛虫が検出されたという。

サロモン・アンドレーの果敢な挑戦の後、1926年にアメリカのリチャード・バードが初めて飛行機によって北極点到達を果たした。そしてバードのわずか3日後には、ノルウェーのロアルト・アムンゼンが飛行船による北極海横断に成功した。

3月6日、5日目。夜半にテントを揺らしていた西からの強風も、朝には収まって天候も回復した。GPSをチェックすると、自分のいる海氷が西風で流され、昨夜のキャンプ位置から東へ500mほど移動していた。コンロで湯を沸かしていると、何やらテントの外から波が打ち寄せるような「ザァーザァー」という音が響き、「ググゥ、ギギィ、バキバキ」と氷の軋《きし》む音がすぐ近くで鳴った。恐怖を感じて急いでテントの外に出てみると、南西側に数百メートル離れた場所で海氷から突き出た大きな氷が割れ、それがゆっくりと右から左へ流されているのが見えた。

「これはヤバいぞ！　急がなきゃ！」

大急ぎでテントに戻り、荷物をすべてソリに積み込むと、朝食もとらずに逃げるようにそれと反対側の北東方向に向かって走った。いつ海氷の破壊が連鎖的に自分の足元までやってくるかわからないため、しょっちゅう周囲を見回して確認する。昨夜の風の影響で、氷が動き出したのかもしれない。満月は2日後だが、満月と新月の前後は潮汐が激しいので海がとくに動きやすい。そこに強風が加われば、海の表面に浮かぶ薄膜のような海氷は容易に掻き乱されてしまうだろう。

3月7日、6日目。日中はマイナス45℃。幅1〜2mのリードが不規則に広がる小リード帯を進む。午後4時頃、進行方向右手の北東の空に月が昇る。振り返ると、南西方向の水平線上に帯状のウォータースカイが発生しているのが見えた。ウォータースカイとは、大きなリードから立ち上った大量の水蒸気が海面に近いところで雲を発生させる現象だ。マイナス40℃以下の外気より海水のほうがはるかに温かいため、海水面からモウモウと水蒸気が湯気のように立ち上り、それが雲を形成する。つまり、幅数百メートル、長さ数十キロにも見えるウォータースカイの下には、それと同じぐらいの規模の凍結していない大きなリードが存在しているということなのだ。方角からすると、昨日の朝にキャンプ近くで発生したリードかもしれない。最も海氷の安定しているはずのこの時期にあんなに巨大なウォータースカイが発生することが、僕にはとても不気味だった。

その夜、衛星電話による日本の事務局との定時交信で、北極海地域にブリザードが接近しているという連絡を受けた。それはレゾリュート気象台にいるウェインからの情報で、気圧配置や衛星写真から判断して、2〜3日後には僕のいるエリアにもブリザードを伴った低気圧が接近するだろうということだった。しかも、明日は満月だ。ブリザードと満月が重なると、海氷がどれだけ動くのか。さらに80㎞ほど先の北緯84度付近には、すでに東西方向に長さ数百キロの巨大リードが発生しており、これが今後問題になる可能性もあるということだった。

3月9日、8日目。夜半から強風が吹き始め、テントが激しく揺れた。ウェインが言ったブリザードがやってきたようだ。動くことができずに停滞。定時交信では、このブリザードはすぐに通過するだろうとのことであったが、GPSを見ると、昨夜テントを張った地点からは一晩で4㎞も東へ動いている。自分のいる海氷ごと強風に流されているのだ。僕がGPS画面を見ている間にも数字がどんどん変わっていく。氷全体が流されているので自分では感じないが、こうやって数字で事実を知らされると恐ろしい。夕方には、昨日からの24時間で約7㎞も東へ流されてしまっていた。

北極海の海氷は、常に流れ動いているが、それを利用して北極点到達を図ろうとしたのが、ノルウェーのフリチョフ・ナンセンだった。ナンセンは、海氷に圧力を受けても船体が氷上に持ち上げられるよう船底を卵形に設計した探検船「フラム号」でシベリアの北岸から北極点までを漂流し、それによって北極点到達と北極海横断を同時に果たせるのではないかと考えた。ナンセンがそのアイデアを思いついたのは、1881年にシベリア北岸で沈没したアメリカ人探検家ジョージ・デロング率いる探検船ジャネット号の残骸が、その3年後に遠く4600㎞も離れたグリーンランド南西岸で発見されたことにある。ナンセンは、その事実によってシベリア北岸から北極海を横断して大西洋にまで抜ける海流があることを確信し、海氷の圧力に耐えられるフラム号を漂流させることで北極点の近くまで迫ろうと考えた。1893年に実行に移された探検では、結果的に北極点到達はかなわなかったが、この実験的探検は後の極地研究に多大な影響を与え、多くの科学的データも得ることができた。

その後、北極海での漂流実験と研究を大々的に実行したのはソビエトだった。1937年、ソビエト科学アカデミーは北極海で科学的観測を行うため、イ・デ・パパーニン隊長他3名を9トンの物資とともに北極点に空輸し、そこに仮設氷上観測キャンプ「北極1号」を設置した。5月21日に北極点に降ろされたパパーニンら4名は、テントを立てて観測機材や通信機器を設置し、さっそく水深や気象、海水、海氷の研究に取りかかった。北極海で最大の領海を持つソビエトにとっても長年のお荷物だったこの海域は、同時に可能性の塊でもあったのだ。利用しようにも氷が邪魔をして船の航行が思うようにできない一方、国土の北に面するこの広い海を自由に航行できるようになれば、ソビエトにこの上ない優位性をもたらすことになる。北極海開拓はソビエトにとって国益に直結する問題であったからこそ、世界に先駆けて先進的な研究をスタートさせたのだった。

その「北極1号」観測所は、ナンセンの予測どおり北極点からグリーンランドへと進む海流に乗り、北大西洋に向けて南下していった。9ヵ月後の1938年2月、パパーニンたちは2500㎞を南下してグリーンランド東岸まで漂流したあたりで2隻の救助船に救助された。それ以降、氷上観測所は毎年のように設置されるようになり、それは現在まで続いている。21世紀に入ってからは北極海の海氷減少が著しいが、ロシアにとってはいよいよ積み重ねてきた研究の成果を発揮する時だという思いがあるのかもしれない。なぜなら北極海が、地下資源や新規航路といった実益を産み出す場に変わっていく可能性が大きくなっているからだ。

すぐ近くにある危険、逡巡と決断

3月11日、10日目。西からの強風。ブリザード一歩手前のブローイングスノーといったところか。雪面を粉雪が流れて飛んでいく。今日もひたすら乱氷と格闘。途中、幅2mのリードが出現。まだ完全には凍結していなくて、重装備のまま飛び越えるのは難しそうだ。だが、たった2mのために迂回するのも頭に来る。リードの中に氷のブロックが浮いていたので、ストックでその氷を浮き島のようにし、それを踏み台にして向こう側へ渡った。ヒヤヒヤものだ。リードを渡る時は必ず、体とソリを繋ぐザイルをハーネスから外して手に持つか、もしくは十分に長くしておく必要がある。ザイルを短くしたままリードに落ちたりすると、ソリがザイルに引っ張られて自分の体の上にかぶさってしまう恐れがある。こうなると、リードから脱出するのが難しくなってしまうのだ。単純なことだが、単独行ではこういうひとつひとつの注意が大切になってくる。

この夜、日本との定時交信で「ウェインから、今回は早めに撤退した方がいいという意見がきているけど、どうする?」と訊かれた。「もうそんな勧告がきたのか!」

と僕は驚いた。ウェインは、今年の海氷はあまりにも流動的で危険すぎること、大西洋の北のバレンツ海から北極点付近に侵入してくる低気圧が非常に多く、今後も天候不順が予想されること、また進行方向の北緯84度にはすでに巨大リードが発生しており、リードを渡れない可能性が高いこと、などを理由に挙げたそうだ。すでに僕と同時期に北極点を目指していたアイルランドからの二人組は、海氷状況の悪さから撤退準備に入ったという。「どうする?」という事務局の問いに、僕は即答した。

「行くよ、まだまだだね」

僕は、頭の中で50日という日数と、期限内に到達可能な距離を計算した。過去の成功例においても、グループで物資補給を受けながら(つまりソリが軽くて済み、その分スピードが速い)の挑戦で、スタートの北緯83度地点から北緯84度地点までの110km通過に2~3週かかっている例もあった。つまり、最初の緯度1度分、距離にして約110kmが最も時間を要する部分なのだ。計算上では、僕はまだまだ北極点を狙える位置にいた。ただしそれは、海氷状況と天候が良好であるという前提に立ったものだ。ウェインの勧告はその前提が通用しない可能性を示唆していたが、その時の僕にはまだ勝負したい気持ちの方が強かった。衛星電話の向こうからは事務局の心配そうな空気は伝わってきたが、僕はまだ「行くよ」と答えた。

「わかった、もし何かあったら骨は拾いに行くから」

冗談まじりの事務局の応答に、僕は言った。

「ハハハ、オレは死なないから。全然大丈夫！」

3月12日、11日目の朝。テントの外がやたらと騒がしい。氷が激しく軋んでいる。四方からギィギィと氷の擦れ合う音が聞こえ、外を覗くと、テントから30mほど離れた場所でプレッシャーリッジがガラガラと崩れているのが見えた。明らかにテント周辺の氷全体が動き出している。

「ヤバイぞ、ここは危ない！」

大あわてで荷物をまとめ、その場から逃げ出した。時折、氷にヒビが入るような「ビシッ」という破壊音が鳴る。僕は歩きながらずっと頭の中で計算を繰り返していた。10日後、20日後にソリの重量が何キロになっていて、その時の氷の状況はどうだろう？　海氷が平坦ならスピードはどのくらい上げられるだろうか？　反対に、もし大きなリードが出現したら？　その時の自分の体の状態は？　残りの日数で北極点へ到達できる可能性は？　すでに発生しているという大きなリードが閉じる可能性は……。頭の中で様々な状況を想像し、いくつものシナリオを想定した。やはり問題は、北極点付近へ進入してくる低気圧と、すでに発生している北緯84度付近の大きなリードだった。ウェインが問題にするぐらいなので、もしかしたら幅も10㎞近くあるのかもしれない。そうなると閉じることは期待できないし、再凍結には時間がかかりすぎる。無補給単独というスタイルは時間に大きく制約されるので、状況の好転をゆっくりと待つことができないのだ。

17時まで歩いてキャンプ。GPSをチェックすると、今日は北西寄りに歩いてきたはずなのに、朝よりもさらに東に流されていた。その夜の定時交信では、北極点を目指してレゾリュートで準備していたインド陸軍のチームが、今年の挑戦を中止したと聞かされた。アイルランドの二人組もすでに撤退しているので、これで北極点を目指しているのはこの広い北極海に僕一人となった。

3月13日、12日目。久しぶりの快晴。風もなく気持ちのいい朝。気温マイナス36℃。島の沿岸部を離れると、海氷の様相が明らかに変化してきた。大きな乱氷帯やプレッシャーリッジが減り、氷も厚く大きな盤状のパンケーキアイスが多くなってくる。足元の海氷の安定性が増し、継続的に距離を稼げるので、これは明らかにいい兆候だ。

僕は、北極点を目指して一歩でも前へ、1ｍでも先に進もうと考える。ただ、そのためにはこの先も多くの「たら」「れば」が必要だ。天候がよく、発生した巨大リードが閉じ、氷も強風で流されず……という条件付きだ。僕の前に提示されている客観的事実と、まだまだ行きたいという自分の感情が激しくぶつかる。海氷も安定していたので、今日はこれまで最長の11・7㎞進んだ。夜の交信は簡単な連絡事項のやりとりだけで終わった。これ以上行けるのか行けないのか。行くべきか行くべきでないのか。「行けるところまで行ってみよう」は危険な判断でもある。先の状況を完全に予測することは不可能だが、想像することはできる。「行く」という判断は簡単にできるが、「行かない」という判断を下すことはじつはとても難しい。なぜなら、自分は「行きたい」のだから。この数日間、僕はずっと考えてきたが、明確な答えは出せなかった。

3月14日、13日目。午前6時の腕時計のアラームで目覚め、寝袋から顔を出すと外は薄明るい。いつもならすぐに寝袋から出て朝食の準備に取りかかるところだが、なぜかこの朝はジッと宙を見つめたまま動けなかった。昨日までの迷いが消え、自分が平穏な凪《なぎ》の中にいるように感じた。そこには、とてもニュートラルな状態の自分がいた。3分ほどぴくりともせず、ただ宙を見つめていた。

「ああ、今回は引き上げるべきだな」

理屈でも感情でもなく、ただそう思った。もう一人の僕が、僕自身の思いを無視して勝手に判断しているような気さえした。このまま進み続けることは可能である。食料も燃料も十分にあるし、装備に大きな不備があるわけでもなく、体もいたって元気だ。精神的にもまったく問題はない。でも、やはり海氷状況の悪化が問題だった。揺れ動く海氷上での冒険は、引き際を間違えると死に繋がる。激しい氷の破壊に巻き込まれたりすれば、撤退どころか救助も不可能になる。

「これ以上は、勝つ見込みのないギャンブルだ」

そう思った。冒険である以上、一か八かに賭ける場面は必ずある。ただ、この時は明らかに勝てる見込みがなかった。これ以上はダメだと感じた僕は、寝袋から出ると衛星電話で日本に連絡した。いつもと違う時間にかかってきた電話に驚いている事務局に、僕が「今回は退こうと思う」と伝えると、向こうからは「それでいいと思う」という少し安堵したような返事。僕は悔しさと情けなさで涙が出た。


ピックアップのツインオッターが着陸できそうな安定した海氷を探し、そこにテントを設営した。しかし悪天候のせいで2日間チャーター機が飛べず、3日後の3月18

日にようやくレゾリュートを出発したという連絡を受けた。その日は天気がよくて、なんでこんな日にピックアップを待ってなくちゃいけないのか、本当に撤退すべきだったのだろうか、行こうと思えばもっと行けたんじゃないか……と悔しい思いが次々と襲ってくる。今回の挑戦では多くの人が僕に資金的な協力をしてくれ、友人や知人をはじめ、僕に会ったこともない方々までが多額のカンパを寄せてくれた。正直、歩いている間は「お金を頂いたからには頑張らないと」と意識することはないが、北極点まで歩くと言いながらこんなに早く撤退を決めたとなれば、それで嘘つきと言われてもしょうがない。それでも今回は撤退という選択をしたのだ。協力してくれたみんなに対して、僕は申し訳ない思いでいっぱいだった。

午後1時、南の空にレゾリュートからピックアップの飛行機が飛んできた。赤と白のツートンカラーのツインオッターは、僕の頭上を2度3度と旋回した後、テント脇の海氷上に機体を滑らすように着陸した。

僕の初めての北極点への挑戦は、17日目で終了した。

コラム　2012年北極点挑戦を振り返って

初めての「北極海」は、とにかく恐怖の場所だった。

それ以前の、レゾリュートをはじめとした村を繋いで歩くような徒歩行では、島嶼《とうしょ》部を縫うように海氷上を歩いていた。その地域の海氷は、島があることで流動性が抑えられ、日々の海氷の動きはほとんど発生しない。

しかし、北極海はまるで別世界だった。

目の前で氷は動き、割れ、流された。テントの中で眠りにつくと、頭の真下の海氷に、遠くで動いている衝撃が伝わって重低音が聞こえてくる。ググ、ドドド、ミシミシ、不快な音が夜通し耳につき、安心して眠ることができない。

おそらく、広い北極海に薄膜のように張った海氷に、大きな波のうねりが伝わるのだろう。遠くの方で氷の騒《ざわ》めきが聞こえたと思うと、その音が徐々に近づいてくる。やがて、自分のテントの周囲でド派手な破壊音や氷の軋《きし》みがひとしきり展開される。まさか自分のテントの真下で氷が割れるなんてことはないだろうな。祈るような気持ちで寝袋の中、騒ぎが収まるのを待っていると、その音は徐々に反対側へと遠ざかっていく。

よかった。とりあえず安堵してまた眠りにつくのだが、しばらくすると再び遠くの海氷が騒めき始め、またうねりがやってくる。

北極海がそのような場所であることは、もちろん知っていた。北極海に出た過去の探検家たちの本は読んでいるし、北極海を単独で横断した大場さんからも話を聞いていた。

しかし、北極海が恐ろしい場所であるという記述を何度読もうが、人から話をどれだけ聞こうが、恐怖というものは体験を通さなければその正体を知ることはできない。初めての北極点挑戦は17日目で撤退となった。その理由として巨大なリードの発生や海氷状況が挙げられるが、今になってみると、じつは恐怖心を制御しきれなかっただけなのではないかと思っている。

寒冷地での経験や、極地を歩くことの技術的なものは、2012年時点の私はすでに十分獲得していた。2007年の火災の事故を通して、大きな教訓も得ていた。ただ、それまで経験してきた島嶼部とでは、世界がまるで異なる北極海という存在が、自分にはまだ捉えられていなかった。想像の域を出ておらず、準備から実行に至るまで「はたしてこれでよいのだろうか」という疑問が常につきまとった。

遠征中は毎日必ず日記をつける。13日目、撤退を決めた日の日記にはこんなことを書いていた。

「完全に納得のいく準備もできていない。あらゆる事が手探りの中での準備、スタートだっただけに、自分を信じられない自分もいる」

話には聞いているが、まだ体験したことのない北極海は、準備段階では想像上の怪物のようなものだった。その怪物にどのように立ち向かえばよいのか、想像を働かせてみるが、所詮は想像でしかない。ずっと疑問を残したまま、実際にその怪物と向き合った時に、そのあまりの凶暴さに心底恐怖した。恐怖の北極海と、真正面から向き合うほどの信頼感を、自分自身に対して持つことができていなかった。

この時の、北極海で感じた恐怖心がどれほどのものだったのか。その正体を真に知るのは、この2年後の2014年、北極点無補給単独徒歩に再挑戦した時のスタート地点で知ることとなる。そこで何が起きたのかについては、本書『北極男』の後の遠征をまとめた拙書『考える脚』を読んでいただきたい。

2012年の北極点挑戦は、私にとってはそれ以前の、アルバイトをして稼いだ自己資金による冒険から、仲間を募り、資金を募って行う最初の挑戦になった。私の冒険の新しい段階が始まった年だと言えるだろう。

それでも、まだこの時は企業のスポンサーはなく、一般の方たちから募ったカンパを主体として資金を工面していた。

この少し前からスポンサーを探しての飛び込み営業などを繰り返し、応援してくれる仲間も現れるようになっていた。それ以前、私は一人きりで活動していた。日本での資金集め、準備、実行に至るまですべて一人で行った。ある意味、私は社会とはかかわりを持たず、一人で北極冒険を繰り返していた。社会はアルバイトをして資金を稼ぐ場所であり、交わる場所ではない。そう割り切っていた。

しかし、人からお金を集め、仲間を求めた時に、自分から社会に飛び込んでいく必要に迫られた。

アルバイトをして冒険の資金を稼ぐ日々の中でも、これをずっと続けていけば、やがて大場さんたちのように大きな規模の遠征を行う時が来るのだろう、そう思っていた。いずれ自分もスポンサーを探したり、自分の金だけでなく「他人の金」をあてにしなければならない時がくるはずだ。その時に重要なのは、きっと安易に人に対してお金を無心することではなく、まずは可能な限り自分だけでやり切って、そして自分の力が及ばないとわかったところから、初めて人の力を借りるという姿勢だと思っていた。

その姿勢でなければ、人に対して自信をもって「資金を出してほしい」など、到底言うことはできなかった。

冒険など、本来は自己満足の産物だ。しかし、自己満足から始まった冒険も、続けていくうちに私は社会と出会った。植村さんや、過去の冒険家たちの歴史と出会い、自分自身がその歴史の末端に存在していることを自覚した。

人間の歴史は、表面には見えてはいない地層のように、膨大な人々の営みが積み重なって、それを土台として今の私たちが立っている。

やがて私も地層の中に、一枚の層になる。自分が分厚い層になることを望む自己満足こそが、我々の死後、未来を生きる人々の土台を強固にしていくはずだ。

13回目？

北極点を越えて

～2014年再びの挑戦を目指して～

何もない場所を、ひたすら歩く、歩く、歩く

北極海氷状態の悪化

2013年2月某日。ノートパソコンの電源を入れ、いつものようにネットに接続すると、僕はブラウザの「お気に入り」に登録されているNOAA（アメリカ海洋大気庁）のウェブサイトを開いた。画面には、数時間前に撮影された北極海の最新の衛星写真が表示され、僕はそれを昨日の海氷状況と比べて変化を確認した。1月下旬にカナダ北岸部で大きく裂けた海氷はいまだ完全に凍結せず、衛星写真には白い海氷上に巨大なリードが黒々と映っていた。

「これなんだよなぁ、問題は……」

僕は、部屋で一人パソコンの画面を見つめながら溜め息をついた。

昨年3月、僕の初めての北極点無補給単独徒歩到達への挑戦は、天候不順とそれに伴う海氷状況の悪化により、前半早々に撤退という結果だった。今年2013年の再チャレンジを期してこれまで1年間準備を行ってきたが、海氷は昨年同様、いや昨年以上に大きなリードを北極海上に頻繁に出現させていた。近年、北極海の海氷は減少の一途を辿り、2012年9月には観測史上過去最小面積を記録。面積同様、以前より厚みも失ってしまった海氷は流動性が高く、脆《もろ》いせいで風や海流の影響で割れやすい。最も海氷が厚く成長するはずの3月近くになっても、北極点までのルート上には幅数キロにも及ぶリードが頻発し、2000年以前では稀にしか発生しなかったような巨大リードが当たり前のようになっていた。そのため、北極点を目指す冒険の難易度は確実に高まり、僕のような冒険スタイルでは、海氷状況がそのまま成否を分ける重要な要素になってしまう。

「今年は挑戦できるのか？　この状態で突っ込めるか？」

僕はパソコンの画面を見つめたまま、しばらく考え込んだ。過去の衛星写真と見比べ、今後の海氷状況がどうなっていくかを推測した。しかし、どう考えてもこの先状況が急激に好転するとは思えない。北極海の海氷は3月頃に最も厚く成長するのだが、2月はその最終段階と言える。そんな時期に巨大なリードが頻発しているということは、今後の海氷状況にはあまり期待できず、去年よりさらに厳しい状況であることは一目瞭然だった。

僕は、レゾリュートの気象台にいるウェインにメールを送り、今年の状況について尋ねてみた。すると、「今の状況で北極点を目指すのは、命の危険を伴うだろう」という返事だった。さらに、海外の冒険家たちとも情報交換を行うと、今シーズンの北極点挑戦を予定していたいくつかのチームもことごとく挑戦を取りやめていた。考えに考えた結果、僕は2013年の北極点挑戦を回避することにした。冒険は、大胆に行動するだけではすぐに死ぬことになる。それより、明らかなボール球には手を出さず、1球見送って次のストライクを待つことにした。狙うは場外ホームランだ。

北極探検・冒険のための機動力は、古くは船、それがやがて犬ゾリやスノーモービルに移っていったが、1980年代以降は少しずつ「人力」「徒歩」による冒険が主流になってきた。それは、技術の進歩や手法の確立によって、個人や少人数のチームで新たなスタイルの冒険が可能な環境になってきたからだとも言える。しかし現在、2000年代以後の海氷の急激な減少に伴って、徒歩での冒険スタイルは非常に難しくなってきている。結果として、かつて機動力主体の冒険から人力主体の冒険へと移行していったように、今また冒険は新たな移行期に入っているのかもしれない。技術の進歩や手法の確立は、一方では冒険のマニュアル化をもたらし、有名冒険家が使っている最新の装備品や機材と同じものを使ってきちんと訓練を積めば、素人でもそれなりの行動ができてしまうようになった。しかし、この3年間に北極点へのフルディスタンス（陸地をスタートする全行程の冒険）による到達者は一人も出ていない。これまでのマニュアルが通用しないのであれば、今の激変する北極の環境にどのようなスタイルで臨むべきかを工夫して考え、自分で新しい方法を開発して、そこに新たな地平を切り開いていくしかないのだ。

自由ということ

「荻田さんは、なぜそこまで北極にこだわるんですか？　もっと他の場所に行ってみたいとは思わないんですか？」

そう人に尋ねられても、僕には「いやー、結局行きたいからですかね」としか答えられない。僕は、自分が決して社会的に成熟した大人ではないこともわかっているし、冒険という行為には、そもそも社会的な意味はないと思っている。だからこそ、「なぜ北極へ？」という質問には、「行きたいから」という答えが僕にとっての正解なのだ。

かつて、大西洋から北米大陸北岸を通過して太平洋へと抜ける「北西航路」の探検が19世紀の英国で海軍を中心に盛んだった頃、著名な探検家のジョン・ロスは、英国下院の委員会において、「もし北西航路の発見に成功した場合、その発見には公共の利益が伴うか」という質問を受けた。彼はそれに対し、あっさりと「まったく何の役にも立たないと私は信じる」と答え、北西航路の探検が社会的には無意味だと言い放った。それでもロスは、英国海軍艦隊を率いて数回にわたり、現在のカナダ北極圏へと探検に赴いた。そして、探検の途中で遭難し、命からがら捕鯨船に救助され、帰国の途に就くなどという経験もしている。

また、北西航路の探検中に行方を絶ったフランクリン隊の隊長であったジョン・フランクリンは、若かりし頃の探検で英雄としての地位を確立した後、余生をのんびり過ごせばいいという年齢であったにもかかわらず、北西航路探検の指揮官という立場に強い意欲を示した。フランクリンの年齢を憂慮した海軍大臣が、「あなたはもう60歳におなりじゃないですか」と問いかけたのに対し、フランクリンは即座に「いや、まだ59歳になったばかりですよ」と答えたという。困った大臣が、著名な探検家であったウィリアム・エドソード・パリーに、フランクリンを指揮官に任命することの是非を相談すると、パリーは「彼（フランクリン）ほどその任に相応《ふさわ》しい人物を私は知らないし、もし彼を行かせなかったら、彼は失望のあまり死んでしまうでしょう」と答えたという。

南極点世界初到達を巡ってノルウェーのアムンゼンに敗れ、その帰路に全滅した英国のスコット隊の顛末を書いた『世界最悪の旅』（アプスレイ・チェリー・ガラード著）の中には、「探検は知的情熱の肉体的表現である」という有名な言葉がある。著者が言う「知的情熱」が何を指すのかは人それぞれの主観によるであろうが、僕は結局のところ、それは見たい知りたい経験したいという至極単純な個人的動機のことだと思っている。

英国海軍の威信をかけた北西航路の探検に赴いたロスもフランクリンも、与えられた任務は未だに開拓されていない新航路を「発見」することだった。その任務の達成こそが、19世紀の英国にとっての重要な価値のすべてであって、実際にその任務を遂行するロスやフランクリンたちが胸の奥深くに秘めていた探検という行為への個人的な情熱などは、組織にとってはどうでもいいことだっただろう。北西航路の発見に価値があろうとなかろうと、それでも命がけの探検に出かけるロスや、すでに英雄としての名声を得ながらも、なおも極限状態の探検を繰り返す59歳のフランクリンの行為は、僕はとても個人的な動機に裏付けられたものだと思うのだ。しかし一方では、もし彼らがいなければ、英国海軍はじめ組織としての探検も成り立っていなかったはずだと思っている。

僕は北極を旅している途中、自分が自由だと感じる瞬間が何度もあった。自由とは必ずしも、何の制約もない状態のことを言うのではない。逆に北極にはどこにも逃げ場がなく、その厳しい自然環境下は制約だらけで、明日を生きられるだけの保証もない。しかし、その状況において、生きるための判断を下すのは自分自身であって、その判断によってもたらされるであろう結果のすべてを引き受けるのも自分以外にない。そして、自分がとるべき行動がくっきりと明確になった瞬間、僕は自分の心が自由であると感じることができるのだ。たとえその判断によって肉体的な自由が奪われる状況になったとしても、それを受け入れる覚悟さえあれば、主体性は自分の元に戻ってくる。僕が大場さんに手紙を書いたのも、一人で北極へ行こうと決めたのも、そのために睡眠時間を削ってアルバイトに励んだのも、火傷を負って命からがら救助されたのも、ホッキョクグマと至近距離で向かい合ったのも、すべては僕が自分で選んだことである。しかし、結果がどうであろうと、僕にとっては自分が自由の中にいられる瞬間こそが喜びなのだ。

北極を冒険することとは、僕にとってはあくまで手段であって、目的ではない。冒険中は命がけの場面も多々あるのは確かだが、僕はスリルを味わうために冒険しているわけではない。北極点まで誰の力も借りずに、一人で歩き切るという目標をどう達成するか。そのために必要なスキルを身に付け、試行錯誤を繰り返し、万全の準備をして、実行する。その過程にこそ意味があるのであって、北極点の上に立つことや、ひたすら過酷さを求めて冒険を行うということは、僕が生きているという実感を得るためには必要なことではあるが、生きる目的そのものではない。それら一連の過程すべてが僕にとっての冒険であり、北極を歩くこともその一部に過ぎない。僕にとっては、主体性をもって能動的に生きること、それこそが「生きる目的」なのかもしれない。

僕は、地球上にいるすべての人が、日々「自分にとっての冒険」をしていると信じている。どんな形であれ、生きていれば必ずそこには冒険的行為が付きまとっていると思う。それは、日常のあちこちに転がっているちょっとした挑戦であったり、周囲を通過していく膨大な量の情報からどれを選択するかであったり、身の回りに存在する些細なことだったりする。

普段、何気なく自分の周囲を通り過ぎていくごくありふれた出来事の中にも、じつは「知らない世界への入り口」が潜んでいる。そんなありふれた出来事を未知の世界への入り口に変えられるのは、自分自身だけだと思う。手を伸ばして、何かを掴もうとするなら、すでにその行為が「冒険」のはずだ。北極を歩くとか、ジャングルに分け入っていくのは、そのための手段に過ぎない。

生きているから、僕は冒険する

――なんて、エラそうにここまで書いてきたが、北極まで行って冒険をするというのはやはり覚悟がいるし、それなりに社会的な負の側面も受け入れざるをえない。冒険を繰り返すだけの生活を続けていって、年を取ったらどうするのか？　それより前に、命がそれまであるのか？　生活基盤の危うさの前に、生命基盤すら危ういんじゃないか。僕にだって、不安も恐怖もない安定した幸せを求めたい気持ちはある。柔らかな日差しが降り注ぐ春の日曜日に、家族で近所のオシャレな家具屋さんにミニバンで出かけ、「夏になったらカーテンはこの色がいいわね」なんて、微笑みながらみんなで言葉を交わしあう。お昼には、近所のレストランでランチセットを食べる。僕にだって、そういう人並みの幸せを謳歌したい気持ちはある。老後は年金をもらって、年に一度はのんびり温泉旅行に出かけ、孫に囲まれた豊かな余生を心穏やかに過ごす……。僕は将来、もしかしたら「冒険なんてとっととやめて、もっと堅実に働いておけばよかった」と後悔するかもしれないし、「北極なんか行かなきゃよかった」と思う日が来るかもしれない。しかし一方では、「いや、仮に僕が大学を卒業してどこかの企業に就職していたとしても、なんたらショックだかグローバリゼーションの波だかで会社をクビになり、今頃は路頭に迷っていたかもしれない」なんて思いもどっかにある。結局、自分で選んだ人生は、自分で責任を持って生きていくしかないのだ。

これまでずっと、僕はひたすら冒険は「自分のため」と思い定めて北極に通い続けてきた。しかし将来は、大場さんが僕たち素人を北極へと導いてくれたように、いつかは僕が若い人たちを北極へ連れて行きたいと思っている。べつに世のため人のために何かをしたいなんていう気はサラサラないが、僕が上の世代の方たちにしてもらったことは、僕が後に繋げていく義務があるとは感じている。冒険家を養成するつもりも全然ないが、昔の僕と同じように、動き出したいのにその方法がわからず、不満と不安を溜め込んでいる人は必ずいると思う。何かに挑戦したいとウズウズしている若者に、そのきっかけだけでも与えてあげられたら、僕は最高にうれしいと思うのだ。

僕は、2012年から「100 miles Adventure」と名付けた企画をスタートさせた。その第1回は2012年8月で、北海道の網走から釧路までの160kmを、小学校6年生3名と一緒に13日間かけて歩いた。途中のキャンプ場や牧場などにお世話になりながら、みんな自分で荷物を担いで歩く旅だ。旅の目標を設定して、どうやってゴールまで行くかをみんなで考える。空き時間の遊び方もみんなで考える。途中では、企画を知った人がわざわざ片道6時間も車を走らせて、僕たちに差し入れを持ってきてくれたり、たまたま通りがかった人からは「あらー、エラいねー！　頑張ってよー」と声をかけられたりする。子供たちにとっては、自分の知らない風景、知らない人たち、知らない食べ物、知らない世界との出会いがたくさん待っている。見事に160kmを歩ききって、ゴールでお父さんお母さんと再会した時の子供たちの誇らしげな顔。第2回は2013年の8月、同じように小学生の子供たち男女4人を連れて、東京駅から富士山頂までの160kmを11日間で歩いた。僕は、この活動をずっと続けていって、いつかは日本全国を歩き尽くしたいと思っている。そして5年後10年後、旅に参加した子供たちが、今度は引率者側として参加してくれたら、こんなうれしいことはない。

冒険は素晴らしい。そのフィールドとして、北極は最高だ。美しくて厳しくて、生と死がとても近くにある。僕にとっては、生きることに本当に一生懸命になれる場所だ。北極にいると、自分に強力な鋲《びょう》をバシッと打ち込むような決意を持つことができる。大場さんに教えてもらった北極という世界に触れてから14年、少なくとも今の僕は、生きることに当時のような空虚さは感じていない。

ライフルで脅かしたたくさんのホッキョクグマたち、ゴメンなさい。腹が減ったからと撃ち殺して食べたジャコウウシの母子、あなたたちのことを僕は一生忘れない。グリーンランドでソリを引いてくれた犬たち、ありがとう。あれから9年も経ったということは、もうみんな死んでしまったのだろうか。夏のツンドラで驚かしちゃったシロハラトウゾクカモメの親鳥、巣があることを知らずにビックリさせて悪かったね。草の一本、雲の一片、水の一滴、僕をここまで生かしてくれた自然のすべてに、ありがとう。この世に生を与え、僕をここまで育ててくれた両親とご先祖さまに感謝します。これまで僕を助けてくれた多くの人たち、僕が迷惑をかけた方々、支えてくれた皆さま、本当にありがとうございます。心から感謝します。おかげさまで、僕は生きています。懲りずに、この先まだまだ僕は自分の冒険をするでしょう。

生きているから、冒険する。これまでも、そして、これからも。

コラム　２０１４年再び の挑戦を振り返って

１９１１年12月、人類初の南極点到達を果たした、ノルウェーのアムンセン隊。それから1ヵ月遅れの１９１２年1月に英国のスコット隊が南極点に到達した。先着したアムンセンが南極点に残したテントとノルウェー国旗を見て、南極点初到達レースに敗れたことを知ったスコットたち5名の隊員は、失意の中で帰路に就く。しかし、その道のりは難渋を極め、大陸沿岸の拠点基地手前でスコット隊5名は遭難死に至り、隊は全滅した。

その顛末を書いたのが、拠点基地でスコットたちの帰りを待っていた隊員、アプスレイ・チェリー・ガラードだ。『世界最悪の旅』というタイトルで、スコット隊遭難の10年後、１９２２年に英国で自費出版した。

極地探検記の名著として今に読み継がれる『世界最悪の旅』は、厳しい南極での探検記とスコット隊の遭難の顛末が語られるのだが、その最後のページでチェリー・ガラードは、探検とは何かを次の一言で表現した。

「探検とは、知的情熱の肉体的表現である」

これは、人間がなぜ厳しい冒険や探検を行うのかを述べた至言だと私は思っている。この言葉を補助線にすることで、自分が冒険する理由について考えることができる。

なぜそれほど厳しい思いをしてまで極地に行くのかと、世の人は問う。寒いし、疲れるし、危険だし、つらいことばかりだ。しかし、外部から見える肉体的な困苦以前に、行為者の内面には知的情熱があるのだと、チェリー・ガラードは書いている。知的情熱とは科学的な志向であり、未知への探究心であり、要は好奇心のことだ。

翻《ひるがえ》って考えると、知的情熱によって肉体的な困難や命の危険を冒そうとまでする生物は、地上には人間だけだと気がつく。

チェリー・ガラードは「探検とは何か」を述べているが、それはじつは「人間とは何か」をも述べているように、私には読めてくる。

「人間とは、知的情熱を肉体的に表現する生き物である」

その結論に至った時、なぜ厳しい冒険や探検に行くのか、という答えは自ずと出てくる。

「なぜ人間は冒険するのか。それは人間だからだ」

これが現時点での私の答えだ。人間とは、そういう生き物だ。その姿勢があるからこそ、世界中に拡散し、短期間にあらゆる気候に順応し、やがては宇宙にまで飛び出ていった。文明も文化も、便利な生活も、その結果として起きている環境問題も、すべては人間の営みの結果、顕在化する。

大航海時代、西洋の列強がアジアを目指したその動機は、香辛料などの取引を求めた経済活動と、そして、カソリック教会による新世界への布教活動だった。探検家はその先遣部隊であり、探検家に対する社会からの要請が存在した。その社会的要請は時代ごとに変化しながら存在する。18世紀になると博物学の発展とともに、探検家は科学と結び付いて世界に出ていく。19世紀、帝国主義が世を覆うと、植民地政策や国威発揚に探検家の行動が利用され、探検と政治が結び付く。

経済、宗教、科学、政治など、時代とともに探検家は社会的要請を受けて活動を行っていた。しかし、探検家たちは社会的要請に従い、社会のために探検に出ていたのかと言えばそれには疑問がある。探検家は社会に対して従属的に存在していたのではなく、社会と探検家が相互に都合よく利用しあっていたとも言える。ジョン・ロスやフランクリンの例を本書で挙げたが、社会的要請の前に「そこに行きたい」と強烈な思いを抱えた個人がいつの時代にもいた。

では現代はどうか。私たち冒険家や探検家たちに対して、社会的要請は消え去った。人間として根源的に抱え続けている知的情熱や好奇心を持ち続け、いても立ってもいられない人々が、裸で放り出されている。人間の本性は変わらず、社会の事情が変化した。社会の事情が変わり、冒険や探検に「行為以前の意義」を見出せなくなった。

それでも冒険に出る私たちに対して、世の人は問うのだ。「なぜ行くのか」と。

なぜかって？　それは人間だからだ。私たちは、行為の前に用意された意味や意義のために行動を起こしているのではない。心が動く、衝動が走る、だから行くのだ。それが人間ってものじゃないか。

社会的に用意された意味がなければ、個人の行動も無意味だと断じることは、人間であることを否定することだ。意味や意義というのは、行為の前に用意されているものではない。それらはすべて、行為の後に発見されていくものだ。無意味とは、意味がないことではない。未だ意味を発見できていない状態であるだけだ。無意味を受け止め、いつの日か必ずその意味を見出せるのだという自分への信頼を胸に、冒険家たちは旅をする。行動し続けた者にしか発見できない領域がある。

冒険の精神は、人間固有のものだ。その精神があるからこそ、人間は人間であり続けられた。

この先も、いつの時代にも冒険をする者たちは現れるだろう。もしかしたら、まだ最初の一歩を踏み出せずにいる、若き日の私のような人もいるかもしれない。

この行動を起こしたら、どうなるんだろうか？　どんな意味があるんだろう？　周囲にどんな説明をすればよいのだろう？　そう悩むかもしれない。でも、心配はいらない。その衝動があることが、あなたが人間である証拠だ。意味はある。やってみれば、必ず見つけられる。

せっかく人間に生まれたのだから、精一杯自分だけの冒険をしようじゃないか。

文庫あとがき

これまで人から「なぜそんなことをやるのか」と、何度も問われ、その度に返答に苦しんだ。なぜ自分は冒険をしているのだろうか。なぜ自分はこれほどまでに北極にだけ通い続けるのだろうか。

北極との出会いは、ただの偶然だった。ある日テレビで、見知らぬ冒険家が私の知らない北極の話をしていた。それを偶然見ていただけだった。もしあの時、大場さんがテレビで「来年は若者たちとサハラ砂漠に行く」と言っていたら、この本のタイトルも「砂漠男」になっていたはずだ。

本書は出版から10年を経て文庫化することとなり、自分が書いた『北極男』を久しぶりに読んでみた。文章の拙《つたな》さや若さもあって、少し気恥ずかしい思いがしたのと同時に、本の中の自分は確かに自分なのだが、どこか他人を見るようでもある。40代の半ばも過ぎた私は、当時の血気にはやったような自分の姿をうらやましくも感じ、まだこの頃のような燃える思いを持ち続けているのだろうか、と自問させられる。

『北極男』のその後の極地行をまとめたのが『考える脚』である。北極だけでなく、私はその後、南極点を目指した。

そして、そのさらに後の2019年、素人の若者たち12名を率いて、カナダ北極圏を600㎞歩く旅を行った。

2021年に、私は神奈川県大和市で書店を開設した。「冒険研究所書店」という名前で、その2年前より事務所として使用していた物件を書店に改装した。

冒険も読書も、そこに求められるのは主体性だ。両者に共通点を見いだし、書店を開設することで、自分なりの冒険を表現することにした。

私は、現在においても北極と南極にしか行ったことがない。自発的に他の場所に海外旅行に行ったこともない。

世界の広がりとは、何十ヵ国を旅したという数字の話ではない。私は、北極という世界ただひとつの対象に、この20年以上ずっと向き合ってきた。たったひとつの対象でも、そこに向き合う多様な視座があれば、発見は常に生まれる。その発見こそが喜びであり、もっと知りたいという好奇心が喚起され、衝動が背中を押してくれる。足は踏み出すものではない。踏み出ていくものだ。

その対象とは、遠く離れた場所にだけあるのではない。目の前にいる人も、足元に転がる石ころにも、常に別の側面が存在し、そこに見知らぬ世界がある。

自分の頭で考えろ。主体的に動け。私たちは、用意された枠の中で何も考えずに生きるために生まれたのではない。自分の身体をほんの少し動かし、見知った世界を違う角度から眺めた時、もう世界は広がっている。

北極に出会い、そこに自分の人生を傾けてきたこの時間を、私は誇らしく思っている。


最後に、これまで私の冒険を見守ってくれた、たくさんの人たちに感謝します。家族、友人、仲間、関わってきたすべての人に、ありがとう。

本書の復刊にあたり、山と溪谷社の佐々木惣さんには機会を作っていただき感謝します。講談社で『北極男』刊行に尽力くださった五十嵐秀幸さんが、私を世に押し出してくれました。表紙と挿画を描いてくださった、絵本作家のあべ弘士さん、文庫版に解説をくださった川内有緒さん、単行本解説の角幡唯介さん、みなさんのお力をいただき、素敵な文庫復刊となりました。ありがとうございます。

２０２３年11月２日　書店の一角にて

単行本解説　北極バカ一代

角幡唯介

荻田泰永と出会った時のことは比較的よく覚えている。本書にも少し紹介されているが、それは探検家や冒険家が講演スタイルで活動の報告をする「地平線会議」という旅好きの集まりの場においてだった。

とはいえ彼はその時、主役としてそこで旅の報告をしたわけではない。たしかまったく別の冒険者の報告の最後で、おまけのようなかたちで主催者から紹介されて挨拶しただけのはずだ。さらに正確にいうと、主催者がその時にみんなに紹介したのは、荻田とはまったく別のエベレストに登ったことのある冒険家で、荻田はそのエベレストの冒険家から促されるかたちでもうワンクッションおいて登場した、いわばおまけのおまけに過ぎない存在だった。

私が彼のことをよく覚えているのは、ひとつにはまず顔がデカかったからである。それに身体もジャコウ牛のように頑丈そうで、割合威風堂々としていた。エベレストの冒険家から紹介を受けた時、荻田は自分がまだ何者でもなく、この場で紹介を受けるほどの実績がないことを恥じ入るかのように、その立派な顔に少しはにかみの表情を浮かべた。しかしすぐに自分の将来には何か特別なことが起きると信じているのだと言わんばかりの揚々とした声で、北極との関わりを語り出したのだった。

私の記憶だと、彼はその時パイプ椅子に腰かけながら「北極バカの荻田です」と自己紹介したはずである。私はそのことを覚えているつもりだが、でも実はあまり自信がない。もしかしたら彼が「北極バカです」と言ったのは、地平線会議ではなく別の場所だったかもしれない。あるいは彼は今まで一度も「北極バカです」などと名乗ったことはなく、私の中の彼に対する心象がそういう記憶を勝手に拵《こしら》えただけなのかもしれない。

今となってはもはやよく分からないのだが、断言できるのは、その時以来、私の中で彼は「北極バカの荻田泰永」としてインプットされたということだ。つまりそれだけの北極に対する熱情を彼の端々から感じたのだろう。私には堂々と「～バカ」と言ってのける一途さが羨ましかったし、同じ世代で探検・冒険の世界に身を埋めようとしている人間が、少なくとも自分の他にあと一人いることが分かり、同志のような印象を受けた。それ以来、継続的に彼との友人関係は続いており、何年か前には百三日間にも及ぶ長い旅に出たこともある。

それから約十年、彼は今でも北極バカをつづけている。そののめり込み方は、エスカレートすることはあれ、弱まる気配はいささかもない。ひょっとするとまともに働きもせず北極に行くだけで年齢を重ねたせいで、もはや引くに引けなくなってしまったという事情があるのかもしれない。その辺のことはよく分からないが、とにかく彼は今でも北極バカのまま突っ走っている。そのバランスを欠いた姿勢は、もしかしたら彼は北極バカなのではなく、ただのバカなのではないだろうかと時折、私を混乱させるほどだ。

彼のバカっぷりは、それをどんなにやっても割に合わないという意味で際立っている。たとえば同じバカでも野球バカというのがいたとする。野球道にひたすら専心し、その道を究めようとする人のことだ。おそらく日本に北極バカは一人しかいないが（実を言うと荻田の他にもう一人、北極バカと呼べそうな人がいるのだが、それはさておき）、野球バカは無数にいるだろう。どちらもバカであるが、しかし北極バカと野球バカとの間には決定的な違いが三つある。

まず一つ目。北極バカには成功の道が用意されていない。野球バカの場合、野球の技術と経験を極めると、プロ野球選手になれるかもしれない。さらにプロとして成功すると億万長者になれる可能性も出てくる。多くの途上国の子供たちが貧しさから抜け出すためにスポーツ選手を目指すように、野球にもまた成功を実現する手段としての側面が社会的なシステムとして成立している。しかし北極バカに社会的な成功はほぼありえない。タイのボクサーのようにハングリー精神でのし上がるために北極に来たという人間に、私はまだお目にかかったことはない。それどころか冒険資金を稼ぐために借金したり、スポンサーを探したりしなくてはならないので、どちらかといえば終わった後には金持ちではなく貧乏になっていることのほうが多い。極地探検家が国家の英雄だったのは百年前の話だ。今は北極なんか行ったところでどうしようもない。

二つ目。北極バカには死ぬ危険がある。野球バカの場合、野球をしている最中に、それが原因で死亡する確率はほぼゼロと考えていい。デッドボールを受けたり、捕手が股間に球を受けたりして痛い思いをすることはあるが、死ぬことはまずない。しかし北極の冒険には死ぬ可能性が常につきまとう。ホッキョクグマに寝込みを襲われるかもしれないし、氷の割れ目から海に落ちるかもしれない。この危険は相対的なものではなく、それをやらなかった場合に比べて、やった場合のほうが危険であるという意味で絶対的なものだ。さらにいうと、むしろ危険だからこそやる、という心情が冒険家にはある。もし百パーセントの安全が確保されたら、挑戦する意義の多くが失われてしまうだろう。北極にしろ何にしろ、冒険は死ぬかもしれない危険を前提にして初めて成り立つ営為だからだ。

三つ目。北極の旅には一般的な意味における楽しみはない。野球の場合はゲーム性があるし、目に見える技術の上達もある。仲間同士で分かち合う喜びもある。私は小さい頃に野球少年だったので、その楽しさが分かる。しかし北極の冒険にはほとんど苦役しかない。毎日、寒さや疲労、空腹に喘ぎ、不快な居住環境に顔をしかめ、そして日に日に身体は不潔になっていく。北極を何度か旅した身として、私にはそのこともよくわかる。つまり北極に愉楽は存在しないのだ。せいぜいメシがやたらとうまくなるとか、オーロラがきれいだとか、信じがたいほど大量の耳クソがとれるとか、その程度に過ぎず、得られる楽しみに比べると苦しみのほうが断然勝《まさ》っているので、そのわずかな楽しみを目的にして北極に行くという人はまずいない。そもそも愉楽を求めるなら北極ではなくて新宿や池袋やバンコクでドンチャン騒ぎをしたほうがいいにきまっている。

北極バカと野球バカとの間には他にも多くのちがいがあるだろうが、しかし基本的にはこの三点に収斂《しゅうれん》される。つまり北極の冒険はやればやるほどドツボにはまる活動なのだ。お金はなくなるし、長い旅を繰り返すことになるのでまともな仕事に就くこともできず、キャリアアップを目指す生き方を放棄せざるを得ないので、現代日本社会においてはなかなか将来の展望を持つこともできない。それどころか死ぬ危険もある。冒険をしている間だって寒いし、つらいし、腹が減るし、疲れるしで、楽しいことや嬉しいことなど何ひとつない。野球バカよりも北極バカのほうがバカ度がはるかに高いのである。だから多くの人はこう問うことになる。そうまでしてなぜ北極に行くのか、と。

本書は、その質問に対する現時点での荻田なりの回答だと思う。なぜ北極に行くのか。なぜ冒険などするのか。愉楽とは異なる北極の魅力とは何か。この疑問は冒険をしない人にはなかなか理解が難しいが、しかし荻田の行動を通して読むことで、世の中にはそういう人がいるのだということを知ることはできるだろう。何の見返りもなく、それをやったからといって何かの役に立つわけでもなく、そして愉楽を伴うわけでもない活動に没頭する人がいる。あえていうなら冒険とは生きるという経験を摑み取るための象徴的な行為だ。それは生活の中から切迫した生感覚が失われた現代人による、本当に生きることの追体験だといえるだろう。

よく考えると、生きることそのものも究極的には何の役にも立たないし、見返りがあるわけではない。なぜなら何かのために行動を起こす、そんなことを何度も繰り返しても、最終的にはそこには何も残らないからだ。勉強するのは大学に行くため。大学に行くのはいい企業に就職するため。いい企業に就職するのは安定して高い給料をもらうため。高い給料をもらうのは……とこの連鎖をつきつめていくと、そこには生きるためという以外に目的は見いだせなくなる。

北極では、その生きるという経験を短期間に凝縮して体験できる。少なくとも体験できている気にはなれる。死ぬリスクを自ら買って出ているということは、北極の冒険者はその苦役の中に、あらゆる「〜のため」を超越する価値を見出している。寒さと風に痛めつけられながら、それでも必死に生きる。それ以外に北極には何もない。しかしだからこそ北極の自然の中にいると人間の生は明確なかたちを与えられ、激しく息づく。
少なくとも私と出会ってからずっと、荻田はぶれることなくこの冒険という試みを続けてきた。彼が最後に書いた「生きているから、僕は冒険をする」というひと言は、私はそういう意味だと理解している。好きでやっているわけだから、別に崇高であるわけではない。特段、立派な、見習うべき人生だとも思わない。しかし悪い生き方ではないと思う。そしてどうやらまだしばらく、彼はこの生き方を続けるようである。

（かくはた・ゆうすけ　ノンフィクション作家・探検家）

文庫解説　イヌイットに与えられた名前は

川内有緒

初めて荻田泰永という人物を見たのは、2018年3月に放映されたテレビ番組『クレイジージャーニー』だった。40歳の男が、ひとりで重さ100キロのソリを引き、南極点に向かって歩む。私は「冒険家」と呼ばれる人々をまあまあ無条件に応援したくなる性質なので、番組が始まる前からテレビの前に座っていた。

冒頭では、「日本人初の偉業達成」のテロップが躍り、植村直己冒険賞の授賞式の様子が流れた。重いソリを引く荻田は、星飛雄馬《ほしひゅうま》的なド根性スタイル。途中で、彼が歩く距離は東京から稚内にも匹敵すること、道中は上りであること、ブリザードに巻き込まれたりクレバスに落ちるリスクもあることが、わかりやすく図解された。

ところが、である。映像に映る肝心の荻田は、あまりしんどそうに見えない。テントではオートミールの美味しそうな朝食をホクホク顔で食べ、クリスマスの日にはテント内をデコレーションし、「みんな日本で浮かれてんのかな、ちきしょう！」と冗談混じりの独り言を言う余裕ぶり。

ついにその10日後、荻田は「偉業！」を達成。とはいえ、本人は拳を突き上げる程度で、感動の涙なども流さず、見ているこっちも清々しいほどオリンピック金メダル的な感動は薄かった。

なんて飾らないんだろう。面白い人だなあ！　これが、荻田泰永の印象だった。

同時に、ふむふむ、やっぱりな、とも思った。きっと彼にとって南極点到達はそこまで難しいことではなかったのかも。なにしろ彼の肩書きは「北極冒険家」だ。わざわざ「北極」と入れるくらいだから、ホッキョクグマぐらい北極に特化した男に違いない。

私はかつて北極と南極の両方を歩いた人に会ったことがある。その人は次のように言った。

「南極を歩くなんて、北極に比べたら簡単ですよ。だって足元の氷が動いたり、割れたりしないんだから！」

それは世界で初めて単独徒歩による北極海横断と南極大陸横断を果たした、冒険家の大場満郎《おおばみつろう》の言葉だ。

周囲に大地が広がる南極点に対し、北極点は海上にあるので、凍結した氷の上を歩くことになる。氷といっても、スケートリンクのようではなく、大きく割れたり、どんどん流されたり、丘のように盛り上がったりしていて、人類が歩くには適さない場所のひとつである。そんなことを私に教えてくれた大場こそが、荻田を初めて北極に連れていった人物だ。

本書は、大学を中退したばかりの荻田が、大場満郎率いる北磁極ウォークに参加するところから始まる。当時の荻田は、何か特別なことをなしとげられるはずだと信じながらも、実は何もしていない若者だった。

いつもぼんやりとした不安があり、なぜか生きているという確かな実感を持つことができなかった。（本文31ページより）

そんな荻田は、テレビで見かけた大場に惹かれ、行動を起こす。

大場はもともと、冒険家になろうと決意してなった人物ではない。山形の貧しく雪深い村の農家の長男として生まれ、生まれながらにして農家の跡取りになることが運命付けられていた。しかし、自分の望む道を正直に歩みたいと家を飛び出し、ヨーロッパを旅したり、アマゾン川を筏《いかだ》で下ったりしているうちに、北極に行こうと決意する。北極について何も知らなかった大場は、植村直己に会いに行き、アドバイスを受け、北極に向かった。

若い頃の荻田とは真逆の人生ともいえるし、どこかで似ているともいえる。もともと大場に与えられたチャンスや人生の選択肢は少なく、自らの力でなにもかもを掴み取ってきた。そんな大場が持つ、まっすぐでむきだしの情熱が、真逆の状況にいる若い荻田の心を摑んだのかもしれない。

荻田が参加した北磁極ウォークは、『NHKスペシャル』でも放映されたと知り、今回私はこの番組の録画を荻田から送ってもらった。22歳の荻田泰永はどんな顔をしているのだろう。

しかし、またしても期待が裏切られた。そもそも、荻田は番組内でほとんど取り上げられていなかった。クローズアップされているのは、途中でトラブルに見舞われた人や、逆に北極から戻ったあとの夢を語る人などわかりやすいストーリーを持つ人々ばかり。

仕方なく私は、現在山形で暮らす大場に電話をかけ、「なんでも良いから当時の荻田さんについて教えてください」と頼んだ。

大場は、明るく元気な口調で、ああ、荻田くんねー、と話し始めた。

「俺もあんまり覚えていないんだけどね、印象的だったのは、荻田くんはいつもぴったり俺のすぐ後について歩いていたことだよね。きっと、どうやって北極を歩くのか観察してたんだと思うな。また北極に来るつもりだったのかもしれない」

大場の予感は当たっていた。北磁極ウォークから帰国した翌年、荻田はバイトで貯めた100万円を資金にレゾリュートに舞い戻った。今度はひとりきりで去年のルートを歩くつもりだったが、実力不足を実感してすぐに断念。かわりに河野兵市《こうのひょういち》などの他の冒険家やそのサポートを行う人々と交流し、装備や冒険の様子を観察した。ようやく翌年の2002年、再びレゾリュートを出発し、カナダ最北の集落・グリスフィヨルドまでの500キロを歩き通した。

その後も、本を読むこちらが呆れるほど愚直に、北極行きを繰り返している。2000年からの12年間で合計12回なのでほとんど毎年。さすが探検家の角幡唯介《かくはたゆうすけ》から「北極バカ」との異名をとっただけある。

「北極」と言っても、いつも同じ場所を歩いているわけではない。北極圏は実に広い。人が住んでいる集落もあれば、北極海の上もある。カナダ側もあればグリーンランド側もある。当たり前だが、島嶼部と海上では歩き方も難度もまったく異なる。さらに荻田は、人類がほぼ足を踏み入れたことのない不毛のツンドラ地帯も歩いている。全てを載せたソリを引っ張るのが彼のスタンダードスタイルだが、時に犬ぞりで大地を駆け抜けたり、ゴムボートを取り出して川を渡ったり。実際、本書に出てくる12回の旅は、ひとつとして同じではない。むしろ回を重ねるごとに、北極が彼の人生の一部になり、分かちがたいものになっていくようにも見える。

初期の頃、荻田の関心はあくまでも冒険的な行為そのものにあった。生きる実感を求めた先に北極があったというわけだ。しかし、北極に通うにつれ、この計り知れない地球上で無二の場所について知りたい、なんとか先に行ってみたいという知的好奇心が彼を突き動かすようになる。イヌイットの言葉を覚え、動植物に目を向け、現地に生きる人の暮らしや生き方から学ぶ荻田。彼の人生にとって北極が一部になったように、荻田自身も北極の一部となったのだろう。だから、繰り返される旅はふくよかに、広がりをもって変化していく。こうして荻田は、いつしか他の追随を許さない北極バカならぬ「北極冒険家」になっていった。

一連の旅のなかで、私が注目したのは11回目の「角幡とフランクリン隊を追う」である。基本的に単独行を行う彼が、あえて友人の角幡と旅した理由について、同世代の探検家と旅することにより「自分の実力を客観的に判断できるのではないか」と書いている。

実際の荻田の実力がいかなるものだったのか？　それは角幡の著書『アグルーカの行方』から窺《うかが》い知ることができる。そこで描かれる荻田は、北極の気候や生態系にも詳しく、逞しくて頼りになり、朗らかな旅のパートナーである。ホッキョクグマに罵声を浴びせて撃退し、ジャコウウシを撃って捌き、飛んでいる雁を撃ち落とす。いや、それらは物語の派手な部分であって、注目すべきはそれ以外の地味な部分だ。ふたりは１０３日間、１６１１キロもの道なき道を、ただ腹を減らし、冗談を言い、獲物に目を光らせながら、ソリを引いたり、持ち上げたりしながら歩き続ける。どう考えても生きるか死ぬかのピンチが何度も訪れるのだが、それらは『北極男』の中ではさらりと描かれている程度だ。

その想像を絶する長い旅路の最後に、荻田が発した言葉が凄まじい。

「いやー、疲れたね」

この一言に、荻田の性格や冒険家としての能力が凝縮されていると思う。

誰もいない隔絶された氷の原野をたったひとりで歩き続ける。

多くの人が知ることのないその感覚を知っている荻田が羨ましい。

グリーランドの大地を犬ぞりで旅していたある日、荻田は燦々《さんさん》と降り注ぐ太陽の下でこの上ない幸福を感じたと書いている。


今頃、日本ではみんな満員電車に揺られて頑張っているのかなぁ。それに引き換え、ここには雪の白と空の青以外いっさい何もない。僕はそこで缶ビールなんか飲んでいる。この世に、これ以上の幸せなど存在するんだろうか……。

（本文166ページより）


しばし、その心地よさを想像してみる。ぼんやりとは想像がつくけれど、それは実際に荻田が感じていた幸福とは何万光年もかけ離れていることだろう。それは、彼だからこそ感じられるもの。当たり前だが、私たちは一回しか生きることができないし、ひとつの人生を選んだら、他の人生を選ぶことはできない。荻田は荻田で、タワマンでおしゃれなインテリアを揃えたり、毛布にくるまって連続ドラマを見るような幸せとは無縁だろう。そういう日常を選ばずに、氷の上を歩き続けることを選んだ先に待っていたのが、あの瞬間だ。それは凍える夜も、前に進めない絶望的な気持ちも、足元の氷が動く恐怖も知らない私たちには感じることはできないものだ。

何が自由で何が不自由なのか。何が幸せで何が不幸せなのか。

その全ては自分次第だ。だから、つきつめて考えれば、実は北極も東京も同じかもしれない。本人が何を選び、どう感じるか。

彼が北極で幸せを噛み締めた2004年5月30日、自分は何をしていただろう。調べてみると、満員電車にこそ揺られていないが、2年半勤めた会社を辞めて、無職だったらしい。仕事が決まらず、日々ぶらぶらしていた。時間はたくさんあり、とりたてて不幸でも幸せでもなく、ちょっとした解放感と、未来への不安を同時に感じていた。

当時、私は荻田のことは知らなかったし、荻田の北極への冒険は私の日常に何ひとつ影響を与えなかった。しかし、今はどうだろう。『北極男』を読んで荻田を羨ましく思う気持ちの先に見えるものは、自分のなかでふつふつと沸き起こる自由を希求する心だ。私はいつだってとても遠くまで行ける、まだ自分が見たことのない地平線があり、そこを目指すことができる。そう信じることさえできれば、私たちはいつだって冒険をすることができる。冒険家の本を読むたびに、私はいつもそのことを実感するし、同時に私の人生を選んできたのは私自身で、実はなんの後悔もないとも思う。

さて、北極行き12回目の旅をするにあたり、荻田は新しい目標を立てた。

僕は、いつか北極点を目指したいと思いながら歩いてきたはずだ。これまではぼんやりとしていたものが、この時にはっきりしたような気がした。この瞬間から、僕にとっては北極点到達が明確な目標となったのだった。

（本文216ページより）

私が、荻田のことを聞こうと大場に電話したとき、大場は「今は前と違って、北極に氷自体が全然ないから、とても難しいよね。でも、荻田くんは落ち着いているし、やれるかもしれないよね」と話し、こうも言っていた。

「俺が若者たちを北極に連れていったのは、別に冒険家を育てたいわけじゃなかったんだよ。ただ若い人たちが自分で考えて生きていける力を得てくれればそれでよかったんだ」

自分で考え、生きていく。確かに荻田は、大場との旅のあと、自分の意思で北極に戻り、そこを歩き続け、最終的には最も難しい挑戦を行うことに決めたのだった。

『北極男』以降の荻田の活躍に関しては、次の書籍『考える脚』に詳しい。その最終章は例の南極点到達の話である。章の最初の小見出しは「簡単な冒険」とある。『北極男』の読者ならもうわかるだろう。なぜ荻田が南極のテントのなかで余裕の笑みを浮かべていたのか。なにしろ荻田は地球上で最も険しい北極において、彼だけの固有の体験を地道にこつこつと積み重ねてきた。強固な岩盤のようになった体験の地層を持つ荻田にとっては、南極を歩くこともひとつの地層が積み重なるだけだったのではないだろうか。

コロナ禍もあり、最近荻田は北極には行っていない。ただ、代わりに神奈川県の桜ヶ丘という駅の近くで書店を経営している。その名は冒険研究所書店。実際の冒険家に会える本屋なんて贅沢だが、なぜ冒険家が本屋を？　と誰もが尋ねる。

荻田にとっては冒険と読書は同じだと言う。

「冒険っていうと、みんな身体的表現にばっかり目がいくわけです。疲れたとか痛いとか。でもそれは身体的表現の方で、その前に探検には知的情熱があるわけです。見たことがないものを見たい、遠いどこかに行きたい。知らないことを知りたい。つまりは好奇心です。それを身体的に表現したら『探検』ということになる。だから冒険と読書は、身体的表現という側面だけを見たらまったく違うんだけれど、知的情熱という意味ではまったく一緒なんですよね。この本の最後のページにこんなことが書いてあります」そう言って見せてくれたのは、『世界最悪の旅──スコット南極探検隊』に書かれた言葉。

──探検は知的情熱の身体的表現である──

彼の書店に行けば、冒険や探検の本がずらりと並んでいる。中には彼自身が書いた『PIHOTEK』というタイトルの絵本もあるはずだ。「ピヒュッティ」と読むその言葉は、ひとりのイヌイットが荻田に与えた名前だ。その意味は──、書店の奥でニコニコとした表情で座る荻田に聞くといい。

（かわうち・ありお　ノンフィクション作家）

参考文献

『北極圏一万二千キロ』
植村直己（文春文庫）1979年
『パパーニンの北極漂流日記―氷盤上の生活』
イ・デ・パパーニン、押手敬訳（東海大学出版会）1979年
『北極海に消えた気球―極点挑戦・悲劇の物語』
近野不二男（現代教養文庫）1978年
『極北―フラム号北極源流記』
フリチョフ・ナンセン、加納一郎訳（中公文庫）2002年
『極北の迷宮-北極探検とヴィクトリア朝文化』
谷田博幸（名古屋大学出版会）2000年
『北極探検と開発の歴史』
クライブ・ホランド、太田昌秀訳（同時代社）2013年
『25人の極地探検家―未踏への誘惑』
加納一郎（朝日文庫）1992年
『北極圏の居候―シリーズ現代の旅行家』
街道憲久（NTT出版）1997年

＊本書は2013年に講談社から発行された
単行本『北極男』を底本とし、加筆・再編集したものです。

北極男　増補版　冒険家はじめました

二〇二四年一月五日　初版第一刷発行

著　者　荻田泰永
発行人　川崎深雪
発行所　株式会社　山と溪谷社
郵便番号　一〇一―〇〇五一
東京都千代田区神田神保町一丁目一〇五番地
https://www.yamakei.co.jp/

■乱丁・落丁、及び内容に関するお問合せ先
山と溪谷社自動応答サービス　電話〇三―六七四四―一九〇〇
受付時間／十一時～十六時（土日、祝日を除く）
メールもご利用ください。
【乱丁・落丁】service@yamakei.co.jp
【内容】info@yamakei.co.jp
■書店・取次様からのご注文先
山と溪谷社受注センター　電話〇四八―四五八―三四五五
ファックス〇四八―四二一―〇五一三
■書店・取次様からのご注文以外のお問合せ先
eigyo@yamakei.co.jp

本文フォーマットデザイン　岡本一宣デザイン事務所
印刷・製本　大日本印刷株式会社

定価はカバーに表示してあります

Printed in Japan ISBN978-4-635-04981-8